11社の
トップの
素顔に
迫る!

# 広島で
# はたらきたくなる本

坂上俊次

南々社

# 広島で
# はたらきたく
# なる本

まえがき

# 広島から見える未来

## ──地域を支える11のビジョン

漠たる不安である。

広島県の転出超過人数1万1409人が3年連続で全国ワースト1位を記録した（2023年度 総務省 住民基本台帳人口移動報告より）。

進学、就職、土地の価格……要因はさまざまに議論されている。

他の地域で学ぶことも良いだろう。夢を叶えるにあたり、地域に制限を設けることもなかろう。人間の成長は移動距離に比例することをテーマにしたビジネス書だってある。県外や海外で見聞を広めることに、ストップをかける根拠はない。

漠たる不安には、漠たる希望で対抗したい。

今回、広島を中心に活躍する11社のトップを取材した。

壮大なビジョンを描き、新たなフィールドに挑戦する。とことん「人」にこだわり、働きやすさを追求する。困難な社会状況にあっても、自社のミッションを信じ抜く。目先のビジネスだけでなく、地域全体の発展を考える。

彼らの声に耳を傾ければ、広島のポテンシャルが見えてくる。課題も解決できると思えるようになる。

『広島ではたらきたくなる本』

わずかであっても、その名の通りの役割を果たすことができれば、本望である。

これまで、14年間で9冊のスポーツ関連書籍を発表してきた。そんな著者に「スポーツ取材とライティングの手法で経営者に迫ってみてはどうか」と持ちかけてくれた南々社の西元俊典代表の声で、この一冊が誕生した。この小さなイノベーションが、地元の活力につながれば幸いである。


激動の時代を乗り切るヒントとして読んでもらってもいい。

経営者の人生から、生きる力を感じてもらってもいい。

夢に向かって一歩を踏み出すきっかけにしてもらってもいい。

その向こうに、地域の課題に向き合う若者の一歩があると信じたい。

そうなれる、漠たる自信は、ある。

２０２４年12月

坂上 俊次

# もくじ　広島ではたらきたくなる本

このビジョン。このパッション。時代の変化なんてこわくない……55

株式会社マリモホールディングス［広島市西区］
国内不動産事業、海外不動産事業、非不動産事業
代表取締役社長（マリモ 代表取締役会長） **深川 真**

「Something new」を求める男の、時流を読む力……79

株式会社シンギ［広島市中区］
食品パッケージの企画・製造・販売
代表取締役 **田中 友啓**

挑戦、行動、積極的。夢あってこそのHappy happy Specigher……103

ヒロマツホールディングス株式会社［広島市中区］
自動車関連・不動産・観光・飲食事業
代表取締役会長兼CEO **松田 哲也**

※取材順で掲載しています

| | |
|---|---|
| 協力 | 古河 譲　山本新太郎　三谷憲生 |
| | 広島経済大学 |
| | 江藤宏樹（広島 蔦屋書店） |
| | 中国放送 |
| コーディネート | 田邉 葵（ヒロツク） |
| | 部谷恭平（ヴィクトワール広島） |
| | マリモホールディングス広報部 |
| | 河村伸枝（シンギ） |
| | 中込慎太郎（ヒロマツホールディングス） |
| | 竹平尚世（おおたけ） |
| | 塹江咲紀（野村乳業） |
| | 佐藤聡史（島屋グループ） |
| | 園田真理（ヤマトフーズ） |
| | 石原啓介（ひろぎんホールディングス） |
| | 丸山弓貴（山根木材グループ） |
| 企画 | 坂上俊次 |
| プロデュース | 西元俊典 |
| 装幀 | スタジオギブ |
| 本文 DTP | 大原 剛　角屋克博 |
| 写真 | 元 圭一 |
| 編集 | 橋口 環 |

# 職人の魂も
# 若者の心も動かす。
# とにかく明るい
# 社長の奮闘記

**株式会社ヒロツク**
佃煮・煮豆・惣菜の製造販売

地元広島を元気に楽しく

代表取締役社長
**竹本 新**

×

**坂上俊次**

## 竹本《たけもと》 新《あらた》

AGE 41　PROFILE 1983年生まれ／広島市出身／O型

学生時代は柔道部に所属し、広島県代表としてドイツで行われた国際大会に出場しました。大学卒業後は地場最大手の食品問屋・中村角（株）で流通業を学びました。24 歳のとき、（株）ヒロツクへ入社、製造部、営業部の経験を経て、2014 年に社長就任。趣味は詩吟で階級は師範。

### 社長に聞く10の質問

**01 仕事をするときに心掛けていることはありますか？**

「身の丈に合ったことをする」無理をせず着実に一歩ずつ前進するために

**02 今一番努力していることは何ですか？**

ビジネス・プライベート・コミュニティのバランスを保つこと

**03 毎日必ずやっていることはありますか？**

挨拶を丁寧にすること、相手の目を見て大きな声で挨拶をしている

**04 社長の強みと弱点を1つずつ教えてください。**

強みは思い立ったら即行動する決断力、弱点は集中したら視野が狭くなり周りが見えにくくなること

**05 子どものときの夢は何ですか？**

ヒロツクの社長であった祖父の盛男のような格好良い社長になること

**06 最近感動したことや涙した出来事は？**

小学生の息子が詩吟の全国大会で優勝してCDデビューをしたこと

**07 今一番やりたいことは何ですか？**

行ったことのない地域に行き、その土地の文化を知りたい

**08 好きな言葉はありますか？**

「一期一会」これからも人との出会いを大切にしていきたい

**09 好きな本は何ですか、またその理由は何ですか？**

『星の王子さま』。心に響くやさしい言葉の数々があるから

**10 明日が地球最後の日だったとしたら何をしますか？**

いつも通りの日常を過ごす、特別なことはしない

## 前例も、ハードルも、飛び越えよう

この春まで、5年間働いてくれた社員がいた。退職の日、社長の竹本新は彼女のデスクを訪ねた。

「ありがとう」という言葉とともに、竹本も大好きなチョコレートの詰め合わせをプレゼントした。

「5年間、ここで働くことができて楽しかったです」

そんな言葉が嬉しかった。

「いつでも、帰っておいで」

竹本は、頭に浮かんだ言葉を飲み込んだ。

「また一緒に働きたい社員でした。でも、結婚退社でご主人が転勤されるのです。元気で幸せにやってほしいです」

採用段階から、記憶に残る人物だった。入社試験を前に、社長宛に手紙を書いてきたことを覚えている。

「文面には、『御社を見てみたい』『働いてみたい』と書いてありました」

竹本の中では、即、採用だった。

「思いが届けば、相手の心は動きます。人事担当からすれば、ルールとは違うかもしれませんが、ユーモアを持って一歩を踏み出すことができる人材は面白いです。売れるわけないと思っていたこもち昆布が売れたわけですから。逆に、売れると思ったものが売れないこともあります。非常識が常識になることだってあります。守るべきルールは大事にしますが、ちょっとした前例やハードルならば飛び越える会社でありたいし、それが通用する社会であってほしいと考えています」

## ヒロツクのこもち昆布

老舗佃煮メーカーの4代目社長は、どこまでも明るい。少し高めの声と笑顔は人の心をつかんで離さない。鞄から名刺がわりに佃煮パックを取り出すと、愛情たっぷりにエピソードを語り始める。

「聞いた話ですが、21歳の女子大学生がヒロツクのこもち昆布を持って帰ったら、お母さんとおばあさんがパッケージを見ながら話し始めて、その懐かしさに、家が和やかになったらしいです」

「居酒屋でね、ほかのお客さんのグループがヒロツクのコマーシャルソングを歌いあっていました。どっちが上手か競争だって。もう、何かおごりたいくらい嬉しかったですよ」

株式会社ヒロツクのこもち昆布は、広島県民のソウルフードである。かつては保存食の位置づけだった昆布佃煮の概念を打ち破り、甘口おかず的な存在として爆発的にヒットした。1972年には、全国調理食品大品評会・農林水産大臣賞を受賞している。

それだけではない。インパクトの強いインストルメンタル音楽のCMが耳に残っている読者も少なくないだろう。

「あの音楽、ジャン＝ジャック・ペリーというフランスの有名な音楽家の作ったものです。電子音楽が専門で、ディズニーランドのエレクトリカルパレードに使用された曲にも携わっておられます」

ヒロツクの4代目社長・竹本新は、やはりサービス精神が旺盛である。

「根幹は、楽しく、面白く。こもち昆布もCMも、すべて社員のアイデアから生まれたものです。ちなみに、わさび昆布もラー油昆布も、社員から生まれたものです。今、うちの商品は300種類にも増えています」

80年を超える歴史は、社員のアイデアとともにあった。こもち昆布は、1972年に発売された。柔らかく炊き上げた昆布とプチプチとした食感のタラコが絶妙にマッチした逸品だった。まだ竹本が生まれる前のことである。しかし、先代からしっかりと語り継がれている。

「その時代のタラコは、一本ものでなく崩れたものは海に捨てられていたそうです。流通の過程で破れてしまうこともあったようです。それをなんとか商品にできないかと。そこから始まったものです」

炊いた。すると、独特の臭みが残ってしまう。そこから3年を費やしての試行錯誤だった。しょうが汁にさらすと、それが消えた。そこで昆布に混ぜると、自慢の風味とタラコの食感で、こもち昆布が誕生だ。

ヒロツクは、日本で初めてこもち昆布をつくった会社になった。こもち昆布以前は約1億円だった売上は、1年後に約2億円、2年後には約4億円…10年で、売

こもち昆布

上は10倍になった。

1978年、広島市西区に新社屋・新工場が完成、ひじきごはんの素がヒットした。その5年後、日本経済も上昇ムードの1983年、竹本は生まれた。

## 5歳の社長候補生

竹本家には「兄弟のうち1人しか会社には入らない」という家訓がある。3人兄弟の彼は、5歳のとき、そのことに直面する。
「僕が5歳のとき、おじいちゃんが後継者を決めようという話をしたことがあるのです。そのとき、兄が2人、10歳と9歳でした」
長男「いや、絶対に継がない」
次男「継がないよ」
祖父「じゃあ、新（竹本）にヒロツクをあげよう」
竹本「ほしい、ほしい」
これが、祖父・竹本盛男の記憶である。もちろん、小さな後継者を彼が大いに可愛がったことは言うまでもない。幼稚園に祖父がやってきて、園児たちにこもち昆布を配ったこともある。

ここまでは微笑ましい話かもしれないが、この話には背景がある。このとき、祖父にはがんが見つかっていたのである。結果的には完治し92歳まで生きるのだが、あのとき後継を意識したことには何の不思議もない。

一方で、5歳の社長候補はすくすくと成長していく。ただ、こもち昆布の知名度があまりにも高かった。小学校や中学校では、「こもち昆布」といじられることが多くなった。

ヒロツクのCMは50年以上前から放送されていた。テレビアニメ「トムとジェリー」の中でCMが流れていただけに、同世代にも商品の認知度は高かった。

「思春期はなかなかギャグに転換できませんでした。中学3年くらいからは、自分でもギャグにできるようになりました。でも、

祖父・竹本盛男と社長

考えれば、そこまで知られているというのは大きなことだと思います」

## 社長就任は突然に……

２０１４年、社長就任は突然だった。まだ30歳の営業主任だ。課長、部長、常務取締役とステップを踏むのが一般的であろう。本人も「45歳くらいの就任」をイメージしていた。

ただ、状況がそれを許さなかった。会社は3年連続赤字に陥り、銀行からの融資も難しくなっていた。資産の売却も含め、清算のフェーズも視野に入っていた。

そのとき、当時の社長が退任を申し出た。

「竹本家として、事業から退くという選択肢もありました。会長として残っていた祖父も判断力が落ち始めていました。佃煮も売れない時代…という声もありました」

しかし、竹本の胸には「5歳の誓い」があった。

「会社がつぶれるくらいなら私がやる」

30歳の新人社長は、金融機関を走りまわった。ことはスムーズに進まなかったが、周囲には次々と助けてくれる人が現れた。

「地域の人たちが強く背中を押してくれました。祖父のおかげで経営者の方々とつながりがありました。その人たちが、金融機関を説得してくれたこともありました」

誰からも愛される祖父だった。

「ワシが、ワシがの『が』を捨てて、おかげ、おかげの『げ』で生きよう」

こんな言葉が口癖の祖父が、貴重な財産を残してくれた。人と人とのつながりだった。竹本は社内でも誠心誠意のハードワークだった。社員を信用し、説明責任を果たし、みんなの力を借りようとした。1年目のスローガンは「笑顔、あいさつ」。沈みがちな空気を、持ち前の明るい性格で変えようとした。

翌年、ヒロツクは黒字化に成功。最大のピンチは脱したかのように見えた。

## 職人の「感覚」を「形」に

それは10年にわたる攻防だった。昆布を炊くのは、高度な職人の作業である。

「例えば、33キロの昆布を炊いて、それが100キロになるのが標準だとします。それが、110キロになることもあれば90キロになることもある。これでは安定しません。そこの部分を職人さんのカンに頼っていましたが、それではいけないと思いました。まさに『見て覚えろ』の世界でしたが、なんとか数値化できないものかと考えました」

気温、湿度に応じて炊き方は変わってくる。職人の世界だ。データをとることもなかった。竹本は、ここに挑んだ。

「職人さんの感覚の部分だけに頼るのではなく、科学的な工場にしたいと考えました。味や品質の部分を、数値で管理できるようにしたかったです。そうすれば、味がもっと安定します。いつ食べても味を一定にできること、それがプロなのだと思います。もともとが『昭和的』な会社でしたが、美味しくつくるだけではいけません。それがどう保管されて、どう食べていただけるのかまで考える必要があります」

ひとつ数字をだそう。50年前のこもち昆布の塩分は約18％だった。しかし、今は約6％である。

「昔から、ヒロツクの味は変わらんよね」

嬉しい言葉も受けるが、実は、変わっているのだ。むしろ、安心してそう言ってもらえるために、変化に挑んでいるのである。減塩の時代の流れもある。それでいて、変わらぬ味を提供し、保存できるように工夫を凝らしていく。

「味を変えないために、味を変え続けている」

先人から聞いた言葉である。そして、商品と会社をサステナブルなものにするために、経営者として職人の感覚の部分に挑んだ。

30歳の若社長は、ベテランの職人にデータの収集や分析を提案した。

「ワシは、昆布を見ればわかるんじゃ」

「ワシは、昆布と会話をしとる」

予想はされたが、反発は強かった。しかし、竹本はあきらめなかった。ストレスで眠れない時期もあり、90キロあった体重は58キロにまで落ちた。

昆布を水で戻す。お湯で炊く。味をつける。その過程で、昆布の膨らみ方には少なからぬ差が生まれていた。そこを解明したかった。

「99%の人は昆布と会話なんてできませんから。みなさんもある程度理解していても、それ以上は解明できていない部分もあるでしょ。それって、無責任だと思

職人の技術で素材のうま味を引き出します

います。会社のことを思うなら、数値化して分析しましょうよ」

根気強く説くこと、約3年…職人たちの空気が変わってきた。

「ワシにそこまで言ってくるとは、面白い。やってみようか」

老舗佃煮工場は、近代的な品質管理のメーカーへと歩み始めた。のちに、この取り組みは、商品のみならず、社員の生活の充実へとつながっていく。

## あなたがいなくても会社はまわる

今、ヒロツクは多様な働き方を推進している。例えば、フリーパート制度。

「来られるときに数時間でも働いていただきます。1日2時間でもOKです。ラベルを貼ってもらう仕事があります」

時短だけではない。やる気にも応える。

「パートさんが社員を希望したら、社員にします」

より責任感を持ち、誇りを持って働こうとするのは歓迎すべきことだ。それはパフォーマンスにも直結する。経営陣は、シンプルに考えている。

もうひとつ、この職場には、70歳代の社員が5人在籍している（2024年春現在）。

「うちも60歳定年だったのですが、みなさん元気で、意欲も旺盛です。そこから働いていただく期間が伸びていきました」

数年前、同時期に70歳になる社員が、竹本に申し出た。

「辞めたくないです。仕事をしたいです」

「それはありがたいですが、体は大丈夫ですか？」

「全然です。家におる方がゾッとしますよ。工場も昔に比べればずっと快適で、暑いも寒いもありませんし。まだやらせてほしいです」

もちろん、健康状態には気を配りながら、勤務日数も調整して、元気な70歳代が商品に向き合っている。

そもそもは組合から始まった会社だ。広島港の工業港修築工事に伴い、漁場を失う漁民の転業対策として広島市草津漁業協同組合が授産施設補助事業の対象となった。これによってスタートしたのが草津海農産物加工授産場。これがヒロックの前身である。

「もともとは組合でした。漁師の町で、ケンカが絶えなかったと聞いたことがありま す。それだけに、社是は『和』です。仲良くしないと仕事にならない。創業者はそこに心を砕いたようです。戦後の食糧難の時代、仕事もありませんでした。みんなで仕事をつくることから始まっています。最初は、パンやダンゴ、トコロテンをつくっていたそうです。蒲鉾にも挑戦したが失敗に終わったという記録もあります」

そこから。太田川でとれる貝類を炊いて販売するようになった。商品名は「龍宮煮」だった。食べられるものを全部炊いて、保存ができるおかずにしました。これが、ヒロツクの原点である。豊かな時代ではなかった。戦争も経験した。それに港の埋め立てである。みんなで力を合わせて仕事を生み出す必要があった。

だからこそ、仲間を大事にする。柔軟な人事制度の背景には、会社としての原風景があったのだ。

「パートも社員も家族。家族の思うことは、可能な限り受け入れたいです。みなさんの働く場所をつくることが僕の仕事です。だからこそ、子どものイベント、介護など、プライベートも両立できるようにしたいです。休暇などもフレキシブルに取得できるように心がけています」

休暇取得を遠慮する必要はない。竹本は、こう考えている。

「あなたがいなくても、会社はまわる。でも、あなたがいな

「龍宮煮」の看板

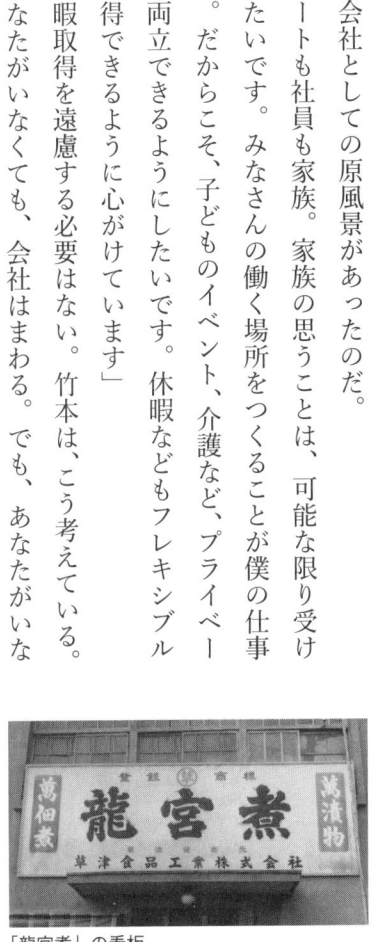

いと家族はまわらない」

これができるのは、「あのとき」のおかげである。属人的な工程をデータ化してノウハウとして共有した。だからこそ、チームとして会社がまわるようになっていたのだ。

## 社長、商品がダサくないですか？

自分から言葉を発する。ユーモアも忘れない。しかも、いつも笑顔である。生来の資質もあるだろうが、社員からすれば実に声をかけやすい社長のようだ。

「私は、もともと明るくて、『社長らしく』とか『楽しく』とか『面白く』とか意識したことはないです。演じているところはありませんね。身の丈にあった経営をしよう、身の丈にあった行動をしようと思っています。私らしく、ヒロツクらしく」

そんな感じだから、年齢に関係なく、社員は素直に意見をぶつけてくれる。

「この前は、20歳の社員に『社長、ヒロツクの商品ってダサくないですか？　可愛くてワクワクするパッケージにしたらどうですか？』と言われましたよ」

会話だけで終わらせないのが竹本である。ならば、その社員に新商品のデザインをするように持ちかけたのである。

こうして生まれたのが、パステルカラーで可愛いイラストパッケージの「家まぜご飯」シリーズである。

自社商品を用いたアレンジレシピの提案にも力を入れているが、そこにも社員の考えは反映されている。

「楽しく、面白く。それが具現化できる会社でありたいです。ワクワクするためには利益も必要でしょう。でも、まずはワクワクすること。そのための利益だと考えています。身内である社員が面白がることが始まりです」

約３００種類にもなるラインナップは、社員発信のものが少なくない。

「社員が寿司屋さんに行って、わさびと醤油の相性の良さを実感し、そこから始まったのが、わさび昆布です」

この商品も開発に苦労があった。わさびで有名な広島県廿日市市の吉和地域に向かった。そこで聞かされた事実が、「わ

鶏ごぼうの家まぜご飯

さびは加熱すると辛味がとんでしまう」ということだった。わさびは、光にも弱く、温度管理も重要になる。風味を損なわず、辛味を逃さず、商品化する。社員たちの試行錯誤は3年にもわたった。

今人気の、ラー油昆布、ラー油きくらげ。こちらも社員発信だ。

「食べるラー油のブームの時期です。いろんなメーカーからラー油を取り寄せて試しましたが、昆布に合わず、一度は断念していました」

そんなとき、社員が言った。

「ラー油をうちでつくればいい」

そんな前向きな発言が、ヒット商品の生みの親になったのである。こんな言葉が出る職場こそが、竹本が目指す組織なのだ。なにもノーベル賞もののアイデアでなくていい、少しでも前に進むことができれば十分だ。

「やってみよう。考えてみよう。一歩を踏み出すと戻れないかもしれませんが、半歩なら立ち戻ることだってできます。やり続ける限り、世の中に失敗はありません。だから、うちの社員に失敗はないのです。愛とか思いがないと、たとえ商品が売れても意味はありません。他者に真似をされても気にしません。それだけ価値が高い商品だってことです。真似されている間に、次を考えよう。そう思っています。こういうスタンスが、社員のやる気につながっていくと確信しています」

前例やルールばかりじゃない。大事なのは、思いや発想なのである。

## 祖母が職場にやってきた

２０２４年1月、92歳の祖母がつぶやいた。

「ヒロツクの工場に行ってみたいなぁ。元気で歩けるうちに見てみたいね」

2代目社長で、5歳の孫に後継を託した、竹本盛男の妻である。

竹本は、その声を聞くと、10日後に計画を実現した。

「今の新しい工場になって初めてです。時代的なもので、妻が夫の職場を訪ねることはあまりなかったようです」

1月25日、祖母はヒロツクの工場を訪れた。竹本は、その目的に思いを馳せてみた。

「私が社長になって10年ですが、自分の中で『馴れた』『わかった』というところもありました。祖母にも、私なりの社長像をつくりたいということを話したことがあります。そのあたりに、祖母は『慢心』を感じていたのかもしれません」

まだ寒さは厳しい。ベージュのコートに身を包んだ祖母は、社員からも歓迎を受けた。白衣に着替え、工場内の最新設備にも目を凝らした。

しかし、意外だった。祖母は、何かをチェックするわけでもなければ、疑問を解決するわけでもなかった。その空気感には、視察の要素が皆無だった。ただ社員に目を合わせ、ひたすら「ありがとう」と繰り返した。

「周囲に感謝を伝える姿を、背中で見せようとしているように感じました。社長になって10年、大事なことは足元を固めることだと教えてくれたような気がします」

その推察は、間違いではなかったと確信している。

後日、祖母から手紙が届いた。

「多くのみなさんが、それぞれの場所で、テキパキと作業をされているお姿を見て、大変感動しました」

最新鋭の設備でもなければ、商品のラインナップでもない。ましてや売上高でもない。祖母が見ていたのは、一人ひとりの社員だった。

そもそも組合からのスタートだ。みんなで試行錯誤して、こもち昆布などの商品を開発してきた。300種類のラインナップも、仲間たちの挑戦の結晶である。職人のノウハウを共有財産にするための格闘の日々も、まだ10年ほど前のことである。

「祖父や祖母も言っていました。自分らしく。ヒロツクらしく。身の丈にあった経営をしよう。それは、思いやりであり、あたたかみであり、製造手法であり、味つけです」

2月に93歳を迎えた祖母は、ますます元気である。趣味である書道を続け、90歳を過ぎて始めた詩吟にも力が入る。

「社員のみなさんの姿を見て、『私も成長したい』と思ったよ。私も、もっと頑張らなきゃいけん」

6月には、社長になって10年の節目を迎えた。竹本は、東南アジアを中心に積極的に視察を展開している。

「海外への展開をしたいです。国内の人口減少もありますが、ほかの国では、商品が新たな愛され方をしてもらえるようです。パスタ、サラダなどには和風ドレッシング感覚のようです。食べ方が違うので、新たな商品が生まれていくようなものです」

さらには「煮る」「炊く」の技術を応用して、安全で安心な「介護食」の可能性も模索している。

社長就任10年、祖父の墓前にも、誓いを新たにした。

「会社の存続や繁栄を誓いました。社員を守る責任感もさらに強く感じています。佃煮の業界はシュリンク（縮小）していますが、地道にコツコツやるしかありません。答えは現場にしかありませんから」

名刺代わりの佃煮パックを携えて、とにかく明るい竹本は、現場を駆けまわる覚悟である。

## 未来に羽ばたく若者へ

ヒロツクは、工場見学やインターンシップに積極的だ。むしろ、会社を知って入社を志望してもらいたいと考えている。

「一番は、会社の空気を知ることだと思います。そのためには、行ってみること、体験することが重要だと思います。実際、うちに来てもらえれば、元気に『いらっしゃいませ』で迎えられることでしょう。でも、その空気が合わない人だっているかもしれません。勉強することや調べることは大事ですが、自分で体験することも重要です。こんな会社と思わなかった。こんな雰囲気とは考えていなかった。そういうことにならないようにしてほしいです」

職人の魂も若者の心も動かす。とにかく明るい社長の奮闘記
ヒロツク　竹本 新

学生時代、竹本は、可能な限りさまざまな土地を旅した。その経験が、新たな発想と挑戦のベースになっている。ちょうど、この原稿を書いていると、竹本からメッセージが届いた。

「今、ベトナムに来てヒロツクの商品を売り込んでいます。街の活気がすごいです」

添付されたファイルには、大型バイクに複数人がまたがって列をなす交差点の動画があった。3人乗りのバイクもあった。横断する自動車に接触しそうなシーンも少なくない。それは褒められた光景ではないかもしれないが、疑いようのない活気が詰まっていた。

ヒロツクの経営理念のひとつを紹介したい。

「わが社は、社業を通じて、食文化・食生活の向上を目指し、広く社会に貢献する」

目の前の人を大事にしながらも、次なる挑戦の種を探している。こもち昆布の持つ「なつかしさ」は、彼らの進化の象徴だったのだ。

壮大な夢を描きながら、メールにはカラフルな絵文字が踊っている。若き社長は、仲間たちと喜怒哀楽をどこまでも共にすることであろう。

## 会社概要

| | |
|---|---|
| 会　社　名 | 株式会社ヒロツク |
| 創　業 | 1942（昭和17）年3月 |
| 設　立 | 1946（昭和21）年12月 |
| 代　表　者 | 代表取締役社長　竹本 新 |
| 本社所在地 | 〒733-0833 広島市西区商工センター 7-2-21 |
| 佐伯工場 | 〒738-0201 広島県廿日市市永原117 |
| 資　本　金 | 4,800万円 |
| 従業員数 | 137名（パート含む） |
| 事業内容 | 佃煮・煮豆・惣菜の製造販売 |

## 沿革

| | |
|---|---|
| 1941年 | 授産施設補助事業の対象を設立 |
| 1942年 | 「草津海農産物加工授産場組合」を設立 |
| 1946年 | 初代社長就任。「草津食品工業株式会社」を設立。代表取締役に竹本四方一就任 |
| 1960年 | ２代目社長就任。代表取締役社長に竹本盛男就任 |
| 1971年 | 社名を「株式会社ヒロツク」に変更。代表取締役会長に中村晋一、代表取締役社長に竹本盛男就任 |
| 1972年 | 創業30周年。開発商品　昆布佃煮「こもち昆布」が、第二回全国調理食品大品評会で、「農林大臣賞」受賞 |
| 1978年 | 現住所の広島市西区商工センターに新社屋・新工場落成 |
| 1984年 | 工場が食品衛生優良施設として、厚生大臣表彰受賞 |
| 1991年 | ヒット商品「しそ味ひじき」誕生 |
| 1992年 | 創業50周年。広島県佐伯郡佐伯町（現在の広島県廿日市市永原）へ新工場・佐伯工場が新設稼動 |
| 1997年 | ３代目社長就任。代表取締役会長へ竹本盛男就任。代表取締役社長へ島田巖就任。のり佃煮「わさびのり」開発、発売。ヒット商品となる |
| 1998年 | ヒット商品「わさび昆布」誕生 |
| 2002年 | 創業60周年。社内5S委員会発足（後に、7S委員会へ発展） |
| 2005年 | 食品自主衛生管理認証取得 |
| 2012年 | 創業70周年。昆布佃煮「こもち昆布」ザ・広島ブランドに認定される。のり佃煮「海の宝のり」が「農林水産大臣賞」を受賞 |
| 2014年 | ４代目社長就任。代表取締役社長へ竹本新就任 |
| 2022年 | 創業80周年。「健康経営優良法人（中小規模法人部門）」に認定される |

# 夢さえあれば、
# なんでもできる。
# 濡げ。
# ペダルを止めるな

**ヴィクトワール広島（CYCLE LIFE株式会社）**
プロ自転車ロードレースチームの運営

地元広島を
元気に楽しく

代表取締役
**中山卓士**

×

**坂上俊次**

## 中山《なかやま》 卓士《たかし》

AGE 35　PROFILE 1989年生まれ／埼玉県出身／O型

高校生のときに自転車競技部に入部し、卒業後は国内外のプロチームで活動。2015年に地域密着型プロチーム「ヴィクトワール広島」を設立し、2017年の現役引退以降は監督に専念。同チーム運営会社「CYCLE LIFE株式会社」の代表を務める。

2018年より広島県内でホームレースを開催し、2024年には西区商工センターで行われた「広島クリテリウム」にて過去最高となる1万1千人の来場者数を記録した。

### 社長に聞く10の質問

**01 仕事をするときに心掛けていることはありますか？**
作業にはならないように、想いを持って仕事をすることです

**02 今一番努力していることは何ですか？**
すべてだと思います。1番を決めれないくらいすべてに全力投球しています

**03 毎日必ずやっていることはありますか？**
モチベーションを高めるために音楽を聴いています

**04 社長の強みと弱点を1つずつ教えてください。**
強みはさまざまなことを受け入れられることかと思います。弱みはせっかちなことですね

**05 子どものときの夢は何ですか？**
明確な夢はなかったですが、幼稚園のときはペンギンになりたいと言っていました

**06 最近感動したことや涙した出来事は？**
7月末にあった広島クリテリウムでの、レオネル・キンテロ選手の優勝です

**07 今一番やりたいことは何ですか？**
プロコンチネンタルチーム（予算4億円以上）のチームになることです

**08 好きな言葉はありますか？**
「悩むより考える」です。悩んでいたらしんどいので考えて解決をしようとしています

**09 好きな本は何ですか、またその理由は何ですか？**
『吉田松陰の魂が震える言葉』です。自分が物事を考える上での参考になるからです

**10 明日が地球最後の日だったとしたら何をしますか？**
人生のいろいろな思い出に浸りながらゆっくりと過ごします

## 二兎を追うものだけの歓喜

勝つためにやっている。一方で、勝つことだけが成功ではない。そこにスポーツビジネスの難しさがある。しかも、中山卓士は「監督兼社長」である。ときに矛盾もはらむような二兎を追わなければならない。

2024年7月28日、広島トヨタ広島クリテリウム。広島市西区に1周1・7キロの周回コースを設定してのレースは、ヴィクトワール広島の1年を左右するビッグイベントである。会社の経営を考えれば、失敗できない。ファンの願いは、ホームレースでの優勝だ。

監督としては、補強や環境面の整備で勝てる体制を整えてきた。しかし、社長としては、勝敗に左右されない楽しいイベントづくりにも心を砕く必要がある。音楽での演出、ステージ展開、DJ、チアガール。中山はホームレースに賭けていた。

「チームとして勝つことは大事ですが、イベンターとしても成功させる必要があります。カープもサンフレッチェもドラゴンフライズも、勝率10割ということはないですよね。それでも、いつもファンを楽しませています。うちも、年々ファンが増えてきただけに、レースの結果に関係なく喜んでもらえる工夫をしていきたいと思っています。カープやサンフレッチェ、ドラゴンフライズの試合会場に行くことがありますので、そのあたりは特に参考にさせてもらいました」

この日、レース会場には過去最大の1万1千人が詰めかけた。

そして、レースでもミラクルが起こった。ラスト100メートルで、ヴィクトワール所属のレオネル・キンテロが飛び出し、このレースでの初優勝を飾った。

優勝インタビュー、中山の目には涙が溢れていた。

JBCF 広島トヨタ 広島クリテリウム パレードラン（2024年7月28日）

## トップレーサーが広島にやってきた

ベルギーは世界屈指の自転車大国である。サイクリングロードは整備され、レンタサイクル施設も充実している。自転車レースは「国技」と位置付けられている。中山は、この国で、レーサーとして4シーズンを過ごしている。それだけに、このスポーツの明るい未来を確信していた。冒頭のような歓喜は「もっと早く味わえる」とも思っていた。

選手としては、2009年に全日本U23で2位になるなど、才能に溢れていた。しかし、故障もあり、2013年にベルギーから帰国し現役を引退した。

ただ、そこからだった。2015年10月に自転車ロードレースのプロチーム・ヴィクトワール広島を立ち上げ、運営会社であるCYCLE LIFEの社長となった。

しかし、野球やサッカーではない。競技を広めながら新たなチームを軌道に乗せるのは簡単なことではない。レーサーとしての経験はあったが、中山に経営に関する知識はなかった。

「そりゃ、ビジネスメールも打ったことはなくて、営業のやり方も知りませんでした。

初期は、スポンサー契約をしてもらったのに、請求書を送付していなかったこともあったくらいです」

ロードレースは、入場料収入がほとんどない。運営の基盤はスポンサー収入だが、当初は29社でのスタートだった。現在は170社を超えるのだから、いかに資金面で苦労があったかうかがい知ることができる。

プロ選手として蓄えた200万円が自己資金のすべてだった。

あっという間に、消えた。

人件費、交通費、消耗品費…想像以上に必要だった。最初の2年間、中山は経営者としての給料をとることができなかった。

2015年、Jプロツアーに初参戦したが、多くの選手はほかの仕事をしながらの参戦だった。レースの勝利どころか、出場選手が誰も完走できないレースがあったほどである。

あれから10年、2023年7月には、佐木島ロードレースでホーム戦初優勝を果たした。そして、2024年、JCL（ジャパンサイクルリーグ）年間総合優勝のキャリアを持つトッププレーサー・小野寺玲の獲得にも成功した。国内トップチームである

**夢さえあれば、なんでもできる。漕げ。ペダルを止めるな**
ヴィクトワール広島　中山卓士

宇都宮ブリッツェンの主力選手の獲得は、自転車ロードレース界にも衝撃を与えた。

「結果を出すことができてスター性のある選手が必要だと思っていました。レーサーとしてのパフォーマンス、ファンサービスやマスコミ対応など、それらがわかっている選手はなかなかいません」

長年のオファーが実ったという類の物語はない。

「小野寺選手なんて、『高嶺の花』すぎて、これまで声を掛けることすらできませんでした。日本の宝がヴィクトワールに来るなんて、不可能だと思っていました」

しかし、このタイミングで中山は勝負に出た。

「契約面でもできる限り頑張りました。そして、会社としての夢やポテンシャルを語りました。カープ・サンフレッチェ・ドラゴンフライズのように興行ができるチームになる可能性があること。自転車ロードレースのチームとして、日本一の組織を目指していること。そこに、小野寺選手にチームの顔としていてほしいことを伝えました」

その効果は抜群だった。マスコミ取材や観客も増えた。スポンサー企業の関心度も高まった。もちろん、その役割も踏まえて行動できる小野寺は、新天地でも着実にファンの心を掴んでいる。

## 「身の丈」チャレンジ

自転車ロードレースの人気は世界的に認知されている。サッカーワールドカップ、夏季オリンピックと並んで、ツール・ド・フランスは「世界3大スポーツ祭典」（諸説ある）とも称される。観客動員は1000万人。大会期間中、警備にあたる人員は約2万人、その構成は国家憲兵隊や警察だというのだから驚きである。総延長3500キロの沿道だけでなく、配信映像は世界中の注目を集めている。

中山はベルギーでのレース経験があり、ヨーロッパの空気を知るだけに、ヴィクトワール広島に夢を膨らませていた。それだけに、帰国した日本とのギャップはショックだった。

「選手としてベルギーで4年間やってきて、日本での自転車ロードレースの知名度のなさにびっくりしました。選手たちにマスコミの取材もないし、世間でも知られていませんでした。この状態を『変えたい』と思いました」

しかし、道のりは平坦ではなかった。

チームカラーがジャイアンツだと指摘された。

他のスポーツチームと混同された。

競輪との違いを理解してもらえなかった。

「しょっちゅう、やめようかと思いました。チームを続けることができるか不安で、5年くらいは生きた心地はしませんでした。地域密着活動などが実ってきたかと思えば、今度は、新型コロナ禍でしょ」

一気に状態を打開したい気持ちもあったが、中山には心に決めたことがあった。

「身の丈にあった動きで経営することです。収入の範囲内でチーム編成をしていました。社長として給料がとれないこともありましたが、一応、立ち上げ当初から黒字で運営しています」

そんな中、クリーンヒットが生まれた。2017年、関西大学の谷順成を獲得したのだ。今や、国内最強チーム宇都宮ブリッツェンのキャプテンである。

「今考えると、申し訳ないくらいの条件で入団を決めてくれました。将来、ここまでの選手になるとは思っていませんでした」

自転車ロードレースのスカウティングは、あくまでもレースの結果重視である。実戦で結果を出せる選手こそが、「力とテクニックを兼ね備えている」ということになる。

ただ、中山はレースの結果以前に谷の獲得を決めている。

「自転車競技では、ペダルを踏み込むパワー系のデータをとることができます。大学時代の谷は、そこでびっくりするくらいのデータを叩き出していました。生まれもった強さもあると思います。聞くところでは、少年時代にずっとサッカーをやってきた影響もあるようです。そのポテンシャルに惚れ込みました」

まだ同年代でもトップレーサーではなく、就職活動も行っていた。そんな素材を見抜けたことが、ヴィクトワール広島の運命を変えた。

2019年、群馬で開催されたJBCF交流戦、谷は初優勝。ヴィクトワール広島の名前を全国に知らしめた。

## 自信を持って、夢を語れ

「身の丈」経営ではあったが、ヴィクトワール広島は、勝利の味を知った。外国人選手の獲得にも積極的にあたった。

「思い切って強い選手にアタックするようになりました。このチームを、世界で戦えるチームにしたいということを語りました。広島のチームなのですから、それはできると確信しています。支えてくれる企業も多くありますし、スポーツを愛する土壌もあります。マーケットの規模として、世界で戦えるチームになっても不思議ではないはずです」

憧れるお手本がいる。栃木県で活動する宇都宮ブリッツェンである。国内トップクラスの競技力だけでなく、自転車を通じたスポーツ教育や自転車文化の醸成に力を入れている。宇都宮で開催されるホームレースでは、2023年も3日間で13万3800人の観衆を集めている。中山も選手として所属した経験があるだけに、その存在の大きさは肌で感じている。

「設立に携わった砂川幹男さんは、宇都宮ギョウザのブランディングの仕掛人のひとりでした。宇都宮の街をギョウザで活性化し、次は自転車でブランディングした人です。そういう観点で考えていますから、競技だけやればいいというスタンスではありません。街のために何ができるか。そのためには、レンタサイクル事業をやろう。自転車の安全教室にも積極的に取り組んでいました。ヴィクトワール広島も、地域のためになるチームでありたいと思っています」

選手時代は、それがわからなかった。主力選手として、レースの勝利で頭の中がいっぱいだった。

「イベントにチームスタッフに帯同してほしい。レース前のメディア対応を控えたい。今思えば、申し訳ないような要望をチームに出していました。しかし、何のためにチームがあって、誰に支えてもらっているのか。少し考えればわかるものでした」

まだ立ち上げ間もない宇都宮ブリッツェンの事務所には、いつも深夜まで明かりがついていた。深夜2時でもスタッフが働いていたことも覚えている。

「あのときは、なぜそんなに仕事があるのか理解できませんでした。でも、

スポーツフェスタ2024（2024年7月15日）

今、逆の立場になってみると、やるべきことは想像以上にあります。ヴィクトワールの選手たちには、メディア対応やイベント出演にも理解してもらうようにしています」

## ほんのわずかの差。でも、大きな差

2023年、ヴィクトワール広島はジャパンサイクルリーグ（JCL）で過去最高の2位になった。個人でも、所属するベンジャミン・ダイボールが総合2位でシーズンを終えた。背中を追ってきた宇都宮ブリッツェンが3位なのだから、いよいよ、ヴィクトワール広島も強豪チームの仲間入りである。

「チームの成績も上がり、応援してくれるファンも増えました。ただ、次の課題も見えてきています。例えば、選手の移動です。レースによっては飛行機移動のチームもありますが、うちは基本的に車での移動です。私やスタッフが交代で運転しています。ほかにも、練習環境や栄養面など、改善の余地はたくさんあります」

そのためには、収入源も確保しなければならない。三原市の佐木島ロードレースは、山陽建設がメインスポンサーとしてバックアップする。広島市西区での広島クリテリウムは、広島トヨタが大会を支える。レースの模様は、You Tubeでライブ配信、クラフトビールやグッズ販売にも注力するようになった。席数は少ないが、有料観覧席にもトライしている。

その向こうに、中山はもっと大きな夢を見ている。

「このチームが、未来にずっと続くようにしたいです。私が死んでも続くチームにしたいです。バンク（競輪場）で集客してのレース、駐輪場事業、レンタサイクル事業、自転車って身近ですから、やれることはたくさんあります。何かしら社会や生活に関わるのが自転車です。そこを担えるチームにしていきたいです」

社会に必要とされ、安定した収益も確保する。そして、選手が安心してパフォーマンス

山陽建設 佐木島ロードレース（2024 年 7 月 27 日）

に専念する。この好循環の向こうに、まだまだ大きな夢も見えてくる。
「いつか、ツール・ド・フランスに参戦できるチームにしたいです。広島から世界で戦うチームです。これが夢ですね」

## この地だからできること

広島という土地柄は、スポーツチームにとって大きなアドバンテージである。本来なら、同地区のスポーツ団体はビジネスとして考えればライバル関係になってくる。スポンサー営業で競合することがあっても不思議ではない。

しかし、広島のスポーツチームは助け合う。

２０１８年には、カープとコラボしたＴシャツやタオルを販売、即日完売の人気ぶりだった。サンフレッチェの試合会場で、レースやチームのＰＲの場も提供してもらった。Ｂリーグドラゴンフライズとは、コラボやＰＲだけではない。年代の近い浦伸嘉社長から経営や営業面のアドバイスを受けることもある。

「助けてもらってばかり。お世話になるばかりです。カープ、サンフレッチェ、ドラゴンフライズ、どのチームにもファンは試合結果に一喜一憂しています。こうなりたいです。ヴィクトワール広島のファンは、甘めです。優しいです。こういったところもありがたいですが、いつか、ロードレースがもっと認知されて、ファンに没頭してもらって、厳しい言葉ももらえるくらいの存在になりたいです」

## 自転車ロードレースの未来

この競技の未来を確信している。4シーズンの海外経験で、ヨーロッパにおける自転車ロードレースの人気を実感してきた。あの熱気は、日本でも再現できるはずだ。

「いつかはツール・ド・フランスのような熱気が日本にもやってくると思います。競輪場などの施設面やインフラ整備が整えば、日本も世界と戦えるようになるでしょう。競技の価値を高めて十分なサラリーを払うことができるようになれば、他の競技でなく自転車ロードレースに能力の高いアスリートが入ってくることが考えられます」

野球でなく、サッカーでなく、バスケットボールでなく、自転車ロードレースを選んでもらいたい。そのためには、収入面や育成環境において魅力的な業界にしていく必要がある。

すべてが、ヨーロッパと同じにはならない。自分たちのやり方で活気をもたらすことができればいいのだ。

ヴィクトワール広島のホームレースでは、エンターテインメントに力を入れている。カレーやスイーツのみならず、クラフトビールやジビエ料理も楽しむことができる。歌やダンスも彩りを添えてくれる。会場にはＤＪが登場し、ホームチームへの応援に統一感をもたらす。

「ヨーロッパでは、ＤＪやＭＣの応援というのは一般的ではありません。ここは、Ｂリーグの試合会場などに足を運んで学ばせていただきました」

賑わいを創出する。競技を支える足腰を強化する。優秀な人材が自転車ロードレースに集まってくる。こんなサイクルを構築したいのだ。

その一歩だと思えば、なんでもできる。レース会場、中山は、選手に指示を送り、ファンサービスにも時間を惜しまない。チームを支えるパートナー企業には、最大限の感謝を伝える。経営者であり、監督だ。背負うものはあまりにも大きい。しかし、壮大な夢への第一歩だと考えれば、自ずと体は動き出す。

## 未来を背負う若者へ

スマートな風貌と異なり、人生は波瀾万丈だ。ただ、悲壮感はない。夢を抱くと、人はここまで前向きになれるものかと思う。19歳でベルギーに渡り、海外で4シーズンを戦った。あの頃は、危機感ばかりだった。

「そんなに給料をもらっていたわけではありませんでしたが、怪我をしたらどうしようとか考えていました。僕は大学にも行っていなくて、本もほとんど読んできませんでした。それに、ヨーロッパで戦っているときに、両親のがんが見つかりました。自転車ロードレースが出来なくなったら、どうやって生きていけばいいのか不安でした」

自分にはなにもない。

しかし、それが問題ではないことを知った。レーサーを引退したが、好きなことに携わりながら暮らすことができている。

「僕にはなにもありません。辛い経験もたくさんしてきました。でも、目の前のことに真摯に向き合っていれば、前進するものです。地に足をつけて、一歩ずつやればいい。大変なことは起こりますが、それらは物事を考えるきっかけにもなります」

営業ノウハウはなかった。経営理論も学んでいない。親会社があるわけでもない。真正面から、正直に向き合ってきた。

「自転車ロードレースで走れなくなったら、すべてが終わる」

そんな若き日の考えは、杞憂だった。目の前の全力の向こうには、無限の夢が広がることを知ったからである。

## 「志」は「志」を呼ぶ

この夏、地元ファンの前で優勝を果たした広島クリテリウム、ヴィクトワールのエースとしてレースに臨んだ小野寺は、心地よい汗を拭った。

「優勝したことも、レースのつくり方も、今シーズンナンバーワンのレースだったと思います。素晴らしい会場の盛り上がりで、僕たちも気合いが入りました。他チームの選手にも『凄い大会だね』と声をかけられました」

移籍の決断の中で、小野寺の判断基準は間違っていなかった。

サラリーだけではない。チームの雰囲気とメディアとの向き合い方だった。

「チームの仲や雰囲気が良いことを大事に考えました。レース会場を見ていれば感じるし、情報は耳に入ってくるものです。それに、ヴィクトワールは地域密着やメディアを大事にしていました。この業界、足りないものは認知度です。そのために、メディアの存在は大きいです。また、そういった時間が刺激やリフレッシュにもつながります」

目指す方向を明確にする経営者に、同じ志の選手がついてくる。

しかも、優勝が目的地ではない。彼らは、自転車のポテンシャルを知るからこそ、遥か向こうを見据えている。

「優勝インタビューで感極まりましたが、あれは一瞬のことでした。すぐに、この喜びがどうすれば続いていくのか。不安にもなり始めました。でも大丈夫です。スポーツ、健康、まちづくり、自転車にやれることはまだまだたくさんあります。ヴィクトワールを通して、もっと町に関わりたいと思います」

疾走するオレンジのジャージを見かけたら、彼らの勇気を思い出してほしい。

親会社なし。資金なし。ノウハウなし。

ただ、それより大事なことは、目の前のペダルを漕ぐことなのだ。

## 夢さえあれば、なんでもできる。漕げ。ペダルを止めるな

ヴィクトワール広島　中山卓士

JBCF 広島トヨタ 広島クリテリウム
勝利を収めたヴィクトワール広島（2024 年 7 月 28 日）

## 会社概要

会　社　名：CYCLE LIFE株式会社
設　　　立：2015（平成27）年10月
代　表　者：代表取締役　中山卓士
本社所在地：〒731-0113 広島市安佐南区西原8-39-5-102
三原事務所：〒723-8555 三原市皆実4-8-1
従 業 員 数：15名
事 業 内 容：ヴィクトワール広島の運営、地域貢献活動と自転車普及活動、サイクルスポーツその他の企画、実施及びコンサルティング事業

## 沿革

2015年　プロ自転車ロードレースチーム「ヴィクトワール広島」の活動を開始
代表である中山卓士によって「ヴィクトワール広島」の運営会社としてCYCLE LIFE株式会社を設立
国内リーグであるJPTに参戦
2018年　会社主催のホームレースを広島市西区商工センターにて初開催
2019年　国内レースにて初優勝を飾る
2020年　国際大会に出場が可能となる「UCIコンチネンタルチーム」登録を行う
2022年　三原市と連携協定を締結
三原商工会議所に事務所を置く
2023年　初の海外でのレース「ツール・ド・台湾」に出場
三原市の離島「佐木島」で「山陽建設佐木島ロードレース」を開催。レオネル・キンテロ選手が優勝し、ホームレース初優勝を飾る
2024年　レオネル・キンテロ選手が「広島トヨタ広島クリテリウム」で優勝を飾り、2年続けてのホームレースでの勝利となった
初めてヨーロッパでのレースに参戦。8/25にトルコで行われた国際レース「Grand Prix Kaisareia」では、ベンジャミン・ダイボール選手がチーム初の海外レースでの勝利を収めた

# このビジョン。
# このパッション。
# 時代の変化なんて
# こわくない

**株式会社マリモホールディングス**
国内不動産事業、海外不動産事業、非不動産事業

地元広島を
元気に楽しく

×

マリモホールディングス
代表取締役社長
(マリモ 代表取締役会長)
**深川 真**

**坂上俊次**

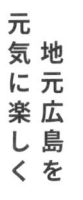

## 深川《ふかがわ》 真《まこと》

AGE 51　PROFILE 1973年生まれ／広島市出身／ AB型

1994 年、大学在学中に、父親が設立した株式会社マリモへ入社。2000 年に後継指名を受け、社長室長の傍ら住宅流通事業部長、調査仕入部長を歴任し、2007 年に代表取締役社長、2024 年に代表取締役会長に就任。2015 年にマリモホールディングスを設立し現職。2030 年にソーシャル 50%対ビジネス 50%のソーシャルビジネスカンパニーとなるべく、計画を進めている。

### 社長に聞く10の質問

**01 仕事をするときに心掛けていることはありますか？**

事業の意義、目的を意識しつつ、決断はスピーディに

**02 今一番努力していることは何ですか？**

会社においては、組織再構築と人材採用と教育。個人としては仕事とその他のバランス

**03 毎日必ずやっていることはありますか？**

朝のストレッチ

**04 社長の強みと弱点を１つずつ教えてください。**

強みは決断力とバランス感覚。弱点はコツコツ努力が苦手

**05 子どものときの夢は何ですか？**

幼稚園のころの卒業文に《サッカーの選手》と書いてあったが、書いた記憶もない

**06 最近感動したことや涙した出来事は？**

勤続30年を祝って貰ったこと

**07 今一番やりたいことは何ですか？**

海外でのゴルフ

**08 好きな言葉はありますか？**

利他と感謝

**09 好きな本は何ですか、またその理由は何ですか？**

『ビジョナリーカンパニー 時代を超える生存の原則』。一番経営の参考にした本だから

**10 明日が地球最後の日だったとしたら何をしますか？**

お世話になった人たちに挨拶し、家族とゆっくり過ごしたい

## 大事なのは、心のありよう

父から後継指名を受けたのは、27歳のときだった。そこからトップ就任までの7年間、懸命に学び、自問自答を繰り返した。

「父は技術屋で凄い人だったと思います。物事へのこだわりが強く、個性的な性格でした。（建築の）見た目だけではなく中身、設計の細部まで大事にしていました。神は細部に宿る。そんな意気込みで、尋常ではないこだわりを持っていました」

１９７０年、深川武夫がアイ建築設計工務所を設立した。これが、株式会社マリモの前身である。今や、分譲マンション事業では全国18位の９９６戸を発売するまでになった（２０２３年不動産経済研究所のデータに基づく）。

それだけではない。収益不動産事業、賃貸マンション事業、海外不動産事業。さらには、人口減少や高齢化社会、地球温暖化などの諸課題に対応すべく、環境衛生事業、障がい福祉事業、国際人材紹介事業、自然栽培での米や野菜作りにも挑戦している。

２０２４年8月、成長戦略の一環として、国内不動産事業・海外不動産事業・非不動産事業の3事業体制を確立。深川真は株式会社マリモホールディングスの社長として、「第三の創業」の心意気で邁進する。まさに、「trying never stop」そのものだ。

創業者の父は、いわゆるカリスマ経営者だった。自身の信念と行動力で、会社の基盤を築いた。一方で、剛腕の色合いも強かった。

後継指名を受けた深川真は、1994年からマリモで働き、父の存在の大きさを感じ取っていた。

「父は経営理念などは作らず、『自分が理念だ』というような人でした。正直、自分はそのようになれませんでしたし、そんな自信もありませんでした。だから、指針となる言葉をしっかりと作ろうと思いました」

マリモグループの社員には、203ページにわたる経営理念冊子『マリモウェイ』が配布されている。ここには、企業の哲学や社名の由来、具体的な行動指針までが具体例と共に記されている。これまでの奮闘は、哲学書のように昇華されている。

「あたりまえのことを、あたりまえにおこなう」「継続は力なり」「フロンティアスピリット」「ギャラリーでなく、プレイヤーたれ」など、骨太な言葉が並んでいる。しかも、このベースはトップである深川が自ら書いたものであるのだから、驚きである。

「趣味の領域に入っていますね」と深川は笑顔を見せるが、経営理念を一貫して求めたのは彼自身だった。

社長への後継指名を受けると、ビジネスに関する書籍を読みあさり、経営者としていかにあるべきか考え抜いた。京セラの創業者にして経営の神様である稲盛和夫氏から人生や経営の哲学を学ぶ「盛和塾」でもその教えを身につけた。その影響が、今の経営理念に色濃く反映されている。

「経営のテクニカルなことや数字のことは、ノウハウを書いた本もたくさんあります。一方で、経営者として一番大事なのは、心持ちや心のありようだと気づかされました。稲盛さんの言葉に『経営者の器以上に、会社は大きくならない』というものがあります。能力やテクニックではなく、人としての器の大きさが求められると感じました」

確固たる理念があるからこそ、新たな分野にも挑戦ができる。あらゆる事業を貫く経営の背骨『マリモウェイ』があるからこそ、その挑戦はフィールドを選ばないのであろう。

## 大海原で宝をさがす

大学在学中にマリモで働くようになった深川は、父と二人三脚で全国の地方都市を歩いた。当時のマリモは、設計事務所からデベロッパーへの道を歩んでいた。マンションの用地取得、企画・開発、販売、建物管理。その仕事は多岐にわたる。

「これまでは、広島を中心に設計などで、『仕事をいただく』立場でした。それが、広島でデベロッパーをするとなれば、これまでご恩をいただいた方々と競合することになってしまいます。そこで、広島市以外のエリアを攻めたのです。愛媛県今治市や山口県岩国市など、競合のない土地から始めました」

創業者の父は、シンプルに考えて行動した。

「人口5万人以上で中心市街地が決まっている土地ならば、マンションは必ず売れる」

難しく考えるのではなく、こういった前提に立って、全国を自分の足で歩きまわった。エリアの空気を感じ、時間帯によっての雰囲気もチェックした。地域の学校の様子を聞くこともあれば、地元のスーパーマーケットでアンケート調査もした。当然、

ポレスターガーデンシティ清心
(岡山県岡山市、全147戸、2001年完成)

陽あたりや騒音も確認する。大変に泥臭く骨の折れる作業だが、深川は、むしろ懐かしそうに振り返る。

「こういったのは当然のことです。『利は仕入れにあり』です。土地を購入した時点で、事業の成否は7～8割決まってくると思っています。それなら、現地をしっかりと見ることは重要なことです」

愛媛県今治市、山口県岩国市、広島県尾道市…三重県、長野県、青森県…丁寧な仕事は結果につながっていく。深川が調査に足を運んだ都市は250以上にのぼった。この時代、マリモは一気に成長を遂げていく。

余談かもしれないが、深川は釣りが趣味だ。15歳の頃、父に連れて行ってもらったのがきっかけだった。

「父は釣り好きでした。釣りって大海原での宝探しみたいですよね。一方で、緻密なデータに基づいています。事前の準備や情報収集…、面白いと思いました。これって、事業の新規開拓のポイントに似ていると思いませんか？」

2003年、人口約5万人の長野県諏訪市へ進出した。もともとは調査対象ではなかったが、縁があって歩いてみると、データだけではない可能性が見えてきた。平地が少なく、分譲マンションが10年以上にわたって供給されていない。国内屈指の優良企業であるセイコーエプソンの本社がある。

諏訪市への進出は悩ましい決断だったが、いざ蓋をあけると「ポレスターレイクサイド諏訪」は即日完売。その後、諏訪エリア全体で13棟の実績を残すことに成功した。付け加えたいのは、勝因はマーケティング力だけではないことだ。創業当初から大事にしてきた床や壁の厚みといった構造面、諏訪湖を望む北側へのバルコニー設置などの商品企画。これらが、マッチしてのことであった。

深川には、不思議な記憶がある。魚が釣れていて船が集まっているところには父は見向きもしない。逆に、自分の目線でポイントを探し求める。

個性の強い父だった。反論すると怒られた。「イエス」と「ハイ」の言葉だけを抱えて、共に歩いた。それでいて父は、「この会社にはイエスマンしかおらん」と憤ることもあった。

強烈なエピソードを語っていても、そこに悲壮感はない。むしろ、深川は楽しそうである。

「潔い人でした。創業者として、そこは大きな要素だったと思います。同じようにはできませんが、生き様としては胸に刻まれています」

釣りで目にした父の横顔。アプローチこそ異なるが、親子を貫くものは、壮大なフロンティアスピリットであった。

## ピンチを救った行動力

２００７年、深川はマリモの代表取締役社長に就任した。マンション事業が成功し、7年間で売上規模は10倍に迫っていた。

しかし、そこから1年で、大ピンチに直面する。２００８年9月のリーマンショックだ。アメリカの投資銀行リーマンブラザーズの経営破綻を機に、世界的な金融危機と不況が起こった。巨大金融機関への救済措置が取られなかったことで市場に不安が広がり、企業にお金が出回らなくなった。突然の事態のようだったが、深川はわずかな変化を見落としていなかった。

「２００7年頃から、マンションの売れ残りがあることが気にかかっていました。例えば、50戸のうち10戸しか売れなければ40戸が残りますよね。なのに、その売れていない物件の隣の土地を購入して、次の事業を進めようとしていました。それはまずい事態ですよね。なのに、誰も止めようとしないのです。不都合な真実から目を背け、それぞれが目の前の仕事をする。それではいけないと思いました」

深川はトップとして決断した。ストップすべき事業は止め、土地も早めに処分した。人事異動で、開発部門の社員を営業に回すなど、組織としての手も打った。

それでも、10月にはリストラの決断を迫られた。偉大な経営者たちの言葉を学んできた深川の頭に、松下幸之助氏の言葉がよぎった。

「一人といえども解雇したらあかん。会社の都合で人を採用したり、解雇したりでは、働く者も不安を覚えるやろ」

リストラを提言したのは、父・武夫だった。もちろん、深川は反対だった。

「リストラをするなら自分が辞める」

「それも、まかりならん」

強烈なやりとりが時代背景の深刻さを物語る。結局、深川は苦渋の決断をすることになった。しかし、社会状況は下降線の一途をたどった。

2008年12月30日、深川は日本経済新聞に小さな記事を見つけた。それは、住宅金融支援機構が、相次ぐ不動産業者の破綻を回避するため、一定の条件を満たせば、完成在庫に緊急融資するというものだった。

正月休み明けの初日、朝一番に深川は単身で東京に向かった。

「担当者に会わせてください」

この融資審査が会社の命運を握ると、深川は感じていた。

2月には、前年12月になけなしの自己資金をかき集めて取得した物件を再販し、不況下であったが58戸を即日完売することに成功した。ブランド名は「Re:mo（リーモ）」。Reborn（マンションを再生する）とMove（街が動き出す）との思いを込めた造語だった。

他社が分譲し完成したにも関わらず売れ残っていたマンションを買い取り、再販するのだ。行き過ぎたマンション建設による供給過剰が地域の活力を失わせている状況を打開するものだった。3月には、全国でほぼ第一号となる緊急経済対策としての融資を受けることにも成功した。

深川の行動力とビジョンが、苦境の打開につながった。ここから、マリモは上昇カーブを描き始めた。

しかし、痛みを伴うリストラもあった。再生マンションの裏には、経営に苦しむ同業者の姿も目に浮かぶ。１００％気持ちが晴れるかといえば、そうではなかった。そんなとき、経営の神様・稲盛和夫が広島を来訪すると耳にした。深川も学ぶ「盛和塾」

の塾長例会だった。仲間たちは、その席で取り組みを発表するように勧めた。ただ、乗り気にはなれなかった。

**それは、正しい判断です**

２００９年2月、深川は盛和塾の塾長例会で全国から集まった７００人の塾生と稲盛塾長の前で発表のマイクを握っていた。１９８３年に始まった盛和塾では、「心を高め、会社業績を伸ばして従業員を幸せにすることが経営者の使命である」とする京セラ創業者の稲盛氏から多くの経営者が熱心に学んできた。２０１９年末の閉塾時には塾生の数は約1万５０００人に達していた（稲盛和夫オフィシャルサイトより）。

稲盛氏が出席する塾長例会の場で、深川は、自らの経験を包み隠さず発表した。「周りから、こんな時期だからこそ発表するように勧められました。そこで、苦渋のリストラを含めて経営体験を発表しました」

経営の神様である。これまでの発言録を見ても、リストラを肯定的に捉えた記録は見当たらない。発表にあたって、深川の心には張りつめるものがあった。だが、稲盛氏の反応は意外なものだった。

「それは正しい判断です。当事者にとっては大変なことです。しかし、リストラせずに倒産するより、泣いて辞めてもらって、残った人間で前に進もうとすることは間違いではない」

一喝すら覚悟していたところに、意外な言葉だ。深川の気持ちは吹っ切れた。経営危機の同業者から物件を買い取る事業も、社会のためになるならば、胸を張ろうと心に決めた。

「街が暗い。元気がない。行き過ぎたマンション建設による供給過剰が一因です。経営破綻したメーカーの物件や用地を買い取り、事業を引き継ぐことは、社会的な意義が大きいとの思いを新たにしました」

これまで地方都市中心に全国展開をはかっていたマリモだが、この頃から神奈川県川崎市など大都市圏にも進出するようになった。そして、2010年、ついに広島市で初のマンションを手がけることになった。地方都市から全国へ、そして、首都圏。ピンチを乗り越え、原点である地で「広島プロジェクト」に着手した。

難局は乗り越えたが、深川は、さらなる未来を考えていた。

「単一事業に依存した事業構造だけでは経済ショックなどに対応できないことが

ある。多角化が必要だ。マンション＋国内の他事業、それに海外への展開です。2020年に向けての10年間、国内・海外不動産事業の多角化だと考えました」

## 挑戦を貫くもの＝フィロソフィ

2008年3月、社長就任の1年後に、深川は自社の経営理念を制定している。社を貫く考え方を『マリモウェイ』として文書化した。

「稲盛和夫さんからの学びが大きいと思います。アメーバとフィロソフィです。アメーバのように組織を小さな集団に分け、部門ごとに独立採算で運営します。部門別の相反するところは、フィロソフィで意思統一していくのです。このフィロソフィ、いわゆる考え方が大事です。盛和塾では『人生・仕事の結果＝考え方×熱意×能力』と言うのですが、考え方が良くないとすべてがマイナスになってしまいます。この考え方の部分が、経営理念です」

深川は、折に触れてメッセージを発信している。設計からデベロッパー、そこから街づくり。さらには、農業、観光資源開発、障がい福祉事業。挑戦が多様になるほどに、フィロソフィが大事になってくる。

## このビジョン。このパッション。時代の変化なんてこわくない

マリモホールディングス　深川 真

「社会と共生する企業だけが存続できる」
「ソーシャルとビジネスが両立する会社へ」
「人づくりこそが究極の社会貢献」
「一人ひとりが主人公として輝くために」

見出しを並べるだけでも、つくづく、深川は「言葉の人」だと思う。社長就任までの7年間の学びと、就任後の汗がひとつの形になった。

明文化された理念だけではない。創業時からの魂も、道標となる。2013年、中国江蘇省蘇州市でのマンション分譲だ。

創業者の深川武夫は「いつか中国大陸に日本のマンションを」という夢を持っていた。深川は、その意を受け継ぎ、日本のマンションの住みやすさを中国のマンション設計においても採り入れた。中国マンション第1プロジェクト北極星花園においては、たとえば浴室と分離した独立トイレ、玄関の上がりかまち（玄関踏込部の段差）、外壁面には直径100㎜、150㎜の吸気口の設置が挙げられる。機密、排水、構造にも徹底的にこだわった。

北極星花園は、完成前に完売を達成した。

「中国は多くの人の欲望がぶつかり、発展を遂げている。ここでマンションを供給したい」という創業者の夢を、後継者である深川が成し遂げたのだ。

この事業の核をなしたのが、創業者の「イズム」だった。ベーシックな部分を大事に、構造、床の厚み、壁の厚み。今ではどこも重視していることだろうが、その思いには揺らがないものがあった。

そんな創業時の理念は、40年以上の時を経て決して朽ちるものではないことが証明された。そして、大事な原点も思い起こさせてくれた。

何を夢見て、誰のために、どう仕事をするのか。そのための自分たちの強みはどこにあるのか。社員全体が考えるようになったマリモは、次なるステージに挑戦していく。

北極星花園（ポレスターガーデン、江蘇省蘇州市、12棟853戸、2015年完成）

## 50対50の挑戦

２０１９年8月に、今度は「次の10年」に向け、深川は強烈なメッセージを発する。「Road to 2030～殻を破れ」というビジョンは、広島市西区の本社エントランスに掲示されている。

ビジネス50対ソーシャル50の世界観を持つ企業。これが、次なる方向性である。自分たちの利潤の最大化ばかりでなく、社会課題をビジネスの手法で解決する。そうやって、社会に必要とされる存在であり続けるのだ。

「私の中では、それぞれに関わっている社員の数を50対50にしたいと考えています。とはいえ、社会課題を解決するという意味では、マンション事業にもソーシャルの要素はあります」

障がい福祉、環境衛生、国際人材紹介、ＩＴ、地方創生、ウェルネス…挑戦のフィールドは想像の域を超えている。

「共通項はソーシャルビジネスです。儲けるために事業を行うのではなく、社会課題を解決するために行うのです。ただ、そういう取り組むべき社会の課題を発見するためには、情報収集のアンテナも感度を高める必要がありますし、人のご縁も大事になってきます」

また、経営がすべてを決めるのではない。社員一人ひとりが主役である。そのためには、人材育成の重要性は増してくる。

「人を育てないと、会社の先行きは厳しいものです。さまざまな事業を推進できる人材を多く育てていきたいと考えます」

会社とは、道場のような存在だ。社員みんなで幸福の実現を目指し、それぞれの人間性を高め合う場なのである。だからこそ、社員にも「バランス感覚」を求める。

「会社ならば、ビジネスとソーシャルのバランス。利他と感謝のバランス。社員だって、仕事だけじゃありません。家族のこと、趣味のこと、友人関係…そのバランスを高次元で実現することを期待しています」

実際、深川は、社員はもちろん周囲の人間に、さまざまな声かけをしてくる。

「お子さんは何歳になったの？」

「釣りとかはするの？　ゴルフは好き？」

「最近、どこか行った？」

仕事だけではない。かといって、ワークライフのようにスパッと二分割できるものでもない。枠にとらわれず自分を磨き続けることが、きっと会社のみならず、社会に還元されるのだ。

深川も、仕事以外の世界を大事にしている。そのひとつが、音楽活動だ。「M.BALANCE（エム バランス）」のアーティスト名でステージにも上がる。トップ自らがもう一つの顔を持っているのだ。作詞は自分で手がける。そして、社内の仲間とステージに上がることもある。グループ社内からメンバーが集まり、音楽を奏でる。ボーカルを務める深川は、人生の「バランス」を高度に体現してみせる。このエネルギーと感性こそが、次なる挑戦につながっていくのだ。その歌詞に耳を傾けると、会社のビジョンも人生のビジョンも重なり合っていることに気づかされる。

さぁ殻を破り　新しい未来をつくろう
まだ見ぬ世界　新しい夢を拓こう
次の一歩が未来（あした）をつくる
ふりかえればその足跡が僕らの誇りだ

「殻を破れ」　作詞 M.BALANCE（深川 真）

## 住まいづくりから、まちづくりへ

2023年3月、マリモホールディングスは、国内不動産事業を統括するマリモが、日本国内はもちろん、中国、アセアン各国でもショッピングセンター（SC）を運営するイオンモールと資本業務提携を結んだと発表した。住宅・収益不動産開発に強みを持つマリモ、全国にSCを展開するイオンモール。そこに、オフィスや福祉の機能も有機的につなげ、大型の多機能施設を開発し「次世代型のまちづくり」を進める。商業施設、住居、医療、福祉、公共交通のさまざまな都市機能が一体となったコンパクトシティを目指すのだ。

「国内の人口は減少しています。これからもマンションの需要が上向きかといえば、そうではない可能性もあります。こういった前提に立って、より付加価値の高い存在であるためには、単体のマンションだけでなく他社とアライアンスを組む必要性を感じていました。私たちは、これまで地方都市の再開発事業において、市や地権者と複合的なものづくりに取り組んできました。その結果、地元の方々の満足度が高く、喜んでもらえたことを覚えています。そういった意味では、今回イオンモールさんと組めることで人口減少の中にあっても、良い仕事ができると考えました」

機能性の高いマンションをつくってきた。そのスペックは、多くの人の幸せにつながってきた。全国を歩くことで、真に求める人に供給することにも成功した。ひとつのマンションの充実から地方へ、そして世界へ。さらには非不動産の事業にも挑戦する。

「100年経ったら、不動産屋じゃないかもしれませんね。不動産『も』やっている会社になっているでしょう。海外への視点も重要だと思います」

## イオンモールとマリモ資本提携

### 大型の多機能施設開発へ

資本業務提携を説明するマリモHDの深川社長㊨とイオンモールの岩村社長

マンション開発のマリモホールディングス（HD、広島市西区）は28日、全国で分譲マンションを提供する中核の子会社マリモ（西区）が、ショッピングセンター（SC）運営のイオンモール（千葉市）と資本業務提携を結んだと発表した。商業、住居、オフィスなど多彩な機能を持つ大型施設の開発を進める。互いのマンションとSCの価値を高める狙いがある。

マリモHDが100%を保有するマリモ株のうち30%を27日付でイオンモールへ譲渡した。譲渡額は非公表。国内の不動産事業で提携し、共同開発に向けた検討体制の構築、情報共有、人材の交流に取り組む。マリモはイオンモールが今後計画する全施設で、マンション併設など不動産事業の参画を目指す。

マリモHDの深川真社長とイオンモールの岩村康次社長が28日、東京都内で記者会見した。両社の協業の成果について岩村社長は「大規模な開発になる。1年以内に公表できるかもしれないが、完成には時間がかかる」と説明。深川社長は「イオンモールの全ての案件に住宅機能を入れていきたい。住む人も働く人もお客も地域の住民も集まる拠点になる」と話した。

マリモ側は国内の人口減を受けて2年前に資本提携の検討を開始。イオンモールとは1年余り前から協議を重ねていた。

マリモHDの2022年7月期の連結決算は、売上高618億6400万円、純利益10億9400万円で増収増益だった。（山瀬隆弘）

イオンモールとマリモの資本提携（中国新聞、2023年3月29日）

変化を怖れず、進化を好む。高い視座からの画は、社員やステークホルダーの心をひとつに束ねる。スケールは大きい。それでいて、深川は地元への愛着も忘れない。

「僕は、ゴルフや釣りが趣味で、瀬戸内海に魅力を感じています。スキーもできるし、メシもうまい。言うことのない街です。未来へのポテンシャルも感じます。これからも広島発にこだわりたいし、広島にはマリモがあると言われるようでありたいです。広島発で世界に挑戦している会社でいたいと思います」

## あたらしい、あたりまえを

マンションに構造の安心感を求めた。それは、今や、あたりまえのこととなった。

マイボートで趣味の釣りを楽しむ

**このビジョン。このパッション。時代の変化なんてこわくない**
マリモホールディングス　深川 真

より利便な場所に住まうことを、人は求めるようになった。

それも、あたりまえに叶えられる時代になった。

人間が次なる幸せを求めるようになるのは、自然な流れだろう。今度は、食であり、健康であり、環境であり、レジャーでもある。

そのニーズを読み取るためには、提供する側も、次なる幸せを望んでいることが大前提となってくる。

「これまであたりまえとされてきたことが、これからもあたりまえであるとはかぎらない。時代は変化する。社会は進化する。わたしたちはそれらをしっかり読みとり、あたらしい基準を、価値を、常識を、過去にとらわれずに創りつづける。〝あたらしい、あたりまえ〟を、つねに創造しつづけていく」(MARIMO WAY ブランドフレーズより)

そのために、マリモの仲間たちは、歩き、耳を傾け、汗を流す。そして、誰よりも人生を謳歌しようとする。


[参考文献]『MARIMO WAY わたしたちのフィロソフィ』、『心。』稲盛和夫（サンマーク出版）、稲盛和夫オフィシャルサイト、『ビジョナリー・カンパニー』ジム・コリンズ（日経ＢＰ）

## 会社概要

会　社　名：株式会社マリモホールディングス
創　　　業：1970（昭和45）年　アイ建築設計工務所として創業
設　　　立：2015（平成27）年8月
代　表　者：代表取締役社長　深川 真
本社所在地：〒733-0821 広島市西区庚午北1-17-23
資　本　金：5,000万円
従 業 員 数：926名（マリモグループ全体）
事 業 内 容：分譲マンション事業、収益不動産事業、賃貸マンション事業、海外不動産事業、環境衛生事業、障がい福祉事業、ホテル運営事業、国際人材紹介事業、自然栽培での米や野菜作り など

## 沿革

1970年　（株）アイ建築設計工務所を広島市に設立
1990年　自社分譲マンション1棟目「グランドール鳥栖」（佐賀県鳥栖市）竣工
1994年　（株）マリモに商号変更
2007年　（株）マリモの代表取締役社長に深川 真就任
2008年　経営理念「マリモウェイ」制定
2015年　（株）マリモホールディングス設立
中国分譲マンション第1プロジェクト「北極星花園」完売
慈善団体チャイルド・ドリームを通じて学校建設支援を開始、以降、小・中学合計4校舎の建設資金を寄付
2019年　マリモ10年ビジョン発表
（株）マリモが創立50周年を迎える
2020年　マリモグループSDGs宣言を策定
グループの新たな経営指標として、マリモ・アクティビティ・ポートフォリオ（MAP）を策定
2022年　マリモグループパーパス制定
2023年　マリモがイオンモール株式会社と資本業務提携
2024年　グループ成長戦略の一環として、国内不動産事業、海外不動産事業、非不動産事業の3事業体制を確立
非不動産事業を統括する（株）マリモソーシャルソリューションズを設立し、公共福祉・地方創生・ウェルネス・環境衛生・グローバル・ITの6領域を推進

# 「Something new」を求める男の、時流を読む力

**株式会社シンギ**
食品パッケージの企画・製造・販売

地元広島を
元気に楽しく

代表取締役
**田中友啓**

×

**坂上俊次**

## 田中《たなか》 友啓《ともひろ》

AGE 53　PROFILE 1970年生まれ／広島市出身／O型

明治学院大学法学部を卒業。その後、アメリカのアリゾナ大学に編入。帰国後は、大手銀行に就職。営業職に携わり、7年間従事。2003年シンギに入社、広島支店長・大阪支店長を歴任したのち、2014年に代表取締役に就任。

### 社長に聞く10の質問

**01 仕事をするときに心掛けていることはありますか？**

利他かどうか、大義があるか。オープンマインドで可能性を広げること

**02 今一番努力していることは何ですか？**

事業の海外展開をしたい。
健康な肉体を維持する

**03 毎日必ずやっていることはありますか？**

読書

**04 社長の強みと弱点を1つずつ教えてください。**

【強み】動き続ける。未来志向。新しいものが好き。嫌なことは忘れることができる
【弱点】忘れっぽい。マイペース

**05 子どものときの夢は何ですか？**

獣医（犬好き）

**06 最近感動したことや涙した出来事は？**

涙した出来事は、父の葬儀

**07 今一番やりたいことは何ですか？**

きれいな海で、スキューバダイビング

**08 好きな言葉はありますか？**

「SOMETHING NEW」と
「OPEN MIND」

**09 好きな本は何ですか、またその理由は何ですか？**

稲盛和夫『生き方』
…自分のバイブルです

**10 明日が地球最後の日だったとしたら何をしますか？**

怖いから、おいしい肉を食べて、嘘であってほしいと願いながら寝る

## 20万種類の食品パッケージ

商品のラインナップを見ているだけで、心が躍る。紙コップといっても、デザインや材質も多種多様だ。弁当容器も、駅弁・わっぱ・オードブル・竹皮・丼・カレー・会席などあらゆるシーンに対応できる。

どこかで目にした駅弁パッケージ、家族と抱えたテイクアウトの容器、テーマパークやスタジアムで記憶に残るプラスチックカップもある。商品カタログは330ページにわたる。

「20万種類くらいありますね。プロ野球、Jリーグ、Bリーグ、さらにテーマパークにも納品させていただいています。近年は環境問題を意識して、環境に配慮した素材を積極的に取り入れています」

全国15か所の営業拠点を持ち、年商は200億円を超えた。紙容器の製造から始まった株式会社シンギは、私たちの生活と密接に関わっている。

初代社長の田中英夫は、大阪の天王寺駅で駅弁や果物、アイスクリームなどの容器が積まれているのを目にした。これが、1932年に誕生した信義商会（シンギ）の原点である。

現社長の田中友啓は、祖父母の時代からの風景を聞かされてきた。

「祖父が早くに亡くなり、祖母が会社をやっていました。家には社員が頻繁に出入りしていて、住み込みで働きながら高校に通う人もいたそうです。祖母が社員の食事をつくっていたこと、そして、箸の袋詰め作業の様子も聞きました」

1960年にはプラスチック容器に参入、1983年には全国に営業網を確立、2004年以降は環境への取り組みにも注力、2018年には広島県働き方改革実践企業に認定され、日本生産性本部の経営革新推進賞も受賞している。

そんなシンギに、ピンチは突然訪れた。

2020年1月国内初の新型コロナウイルス感染者が確認されると、約3年のコロナ禍に突入する。レジャーや出張を含めた移動が制限された。当然、駅弁も、レジャー施設のフード容器も、カラフルなプラスチックカップも…活躍の場を失ってしまった。

こんな状況でも、田中は「シンギらしさ」を失わなかった。

「雇用は守る。不安だが、今できる事を考え、精一杯やろう」

早々に明言し社員の不安を一掃すると、次々に手を打った。どちらかというと、こ

食品パッケージなど、シンギの商品（一部）

れまで主力商品ではなかった衛生用品や、飛沫感染を防ぐ商品などを積極的に販売した。

「売上は激減しました。駅弁だけではありません。土産物のパッケージの影響も大きかったです。約4割も売上が減った時期もありました。テイクアウト容器で盛り返しはありましたが、厳しい状況に変わりはありませんでした」

しかし、田中は防戦一方ではない。常に、チャレンジ精神を忘れない。

2020年から、コロナ禍で奮闘する地元の飲食店を応援すべく、ドライブスルーで弁当やスイーツを買うことができるイベント「ドライブスルーひろしま」を展開した。

全国の食品機械メーカーの営業員が出張できなくなったことを受け、エリアの代理店の役割も果たすようになった。この取り組みが、高品質凍結を可能にするプロトン凍結の事業にもつながっていく。このことは、後ほど詳しく語ることにしよう。

社内ではオンライン会議が激増した。これをきっかけに、全国15の拠点が密接にコミュニケーションをとるようになった。非接触ではあったが、社内の会話は大幅に増えた。

我慢の時代にあっても、未来志向は貫いた。そして、コロナ禍にあっても赤字転落は回避した。カラフルなカップ、工夫を凝らした弁当容器。20万種の商品には、前向きな社風がよく似合う。

## 「Something New」を求めて

日常生活でも食品パッケージが気になってしまう。

「多くの容器は底の部分に製造者マークが記されています。そこを見れば、どのメーカーの商品かがわかります。デザインはもちろんですが、作り方の工夫などを見ることが多いです」

田中のアンテナは敏感だ。日本全国だけではない。アメリカ・ドイツ・イギリス・

フランス・イタリア・ベルギー・ミャンマー・韓国・インドネシア・フィリピン・シンガポール・ベトナム・タイ・中国…積極的に視察を重ねている。

２０００年代前半、田中は新たな素材を目にした。サトウキビの搾りカス「バガス」である。バガスを原料として利用すれば木材の使用量を減らすことができる。生分解性の素材のため、土の中に埋めると微生物などによって分解され自然に土に還るのも特徴だ。可燃物として扱っても、ＣＯ２排出量削減につながる。

「アメリカの展示会で見つけました。やはり、地球環境を意識したパッケージに注目が集まっていました。ヨーロッパでも、環境に配慮した素材はかなり進んでいる印象がありました」

バガスには、環境面以外にも機能的な強みがあった。水や油に強いため、揚げ物や炒め物にも安心して使うことができる。電子レンジでも使用でき、そのまま冷凍することも可能だ。

しかし、割高な価格がネックとなり、なかなか最初は売れなかった。ただ、田中はチャレンジすることをやめない。

「新しいものに挑戦することが大事です。新しい商品も提供したいし、新しい組織もつくりたいです。まずは新しい商品をお客様に紹介すること。そうすれば、意見を聞くことができます。気に入っていただけなくても、声を聞いて、それをヒントに動けばいいと思います。本当に売れなければ、やめればいいですから」

新しいものは、コミュニケーションからも生まれる。田中は、社員との雑談を大事にする。全国の営業所にふと立ち寄ることもあれば、倉庫に入って会話することもある。インターネットを介してリアルタイムで短い文章をやりとりする社内のチャットにも登場する。

「気を遣わせるでしょうから、話題は選んでチャットに参加しているつもりです。お客様の問い合わせなどがあれば社内で情報交換して対応していますが、ちょっとした自分の知っていることなら私もチャットすることがあります」

新しいことにチャレンジするのは、何も商品のヒットばかりが狙いではない。そこから生まれるコミュニケーションが会社を強くしていくのだ。

「商品が売れそうかどうか。それは社員に聞いてみるようにしています。実際、現場で動くのは社員です。その声は重視するようにしています」

チャレンジ精神とコミュニケーションは、イノベーションを起こした。広島県民のソウルフードお好み焼きの容器である。お好み焼きのテイクアウトでは、プラスチックの容器が使われることが多い。しかし、熱々のお好み焼きを容器に入れると、どうしても内部に水滴がついてしまう。

シンギは、その容器にバガスを用いた。その内側に工夫を施すことで、素材が水分を吸収し、容器内に水分が溜まることが解消されるのだ。

3年にわたる社員の試行錯誤は身を結び、大手お好み焼き店が相次いで導入を決めた。嬉しい悲鳴は右肩上がりの売上だけではない。プラスチックごみの削減で、環境問題でも社会に貢献できるのだ。

「ひろまるバガス」と名付けられた商品は、2023年11月、第18回ひろしまグッドデザイン賞で優秀賞に輝いた。

ひろまるバガス

## 本当の「顧客第一主義」を追究して

田中は、大学を卒業すると周囲の勧めもあってアメリカアリゾナ州の大学に編入し、ビジネスを学んだ。帰国後は7年間、大手銀行にも勤務した。2003年、シンギに入社すると、大阪支店長などを歴任した。

「社歴の長い人も多く、昔から知っている人もたくさんいました。ただ、会社に理念などはありましたが、解釈に困るようなところもあると感じました」

例えば、顧客第一主義。

「ある人は、自分の担当だけがお客さんと思っているところがありました。お客様の声を聞くと言っても、何でも聞けば良いわけでもありません。それぞれが、自己流に解釈しているように感じました」

昔話にはなるが、何ともおおらかなエピソードも残っている。

お客様に頼まれて、ゴルフクラブを買った…

集金を待つように頼まれて、待った…

シンギに入社するまで銀行に勤めていただけに、ギャップに驚いた。

「銀行ではあらゆることが明確に決まっていました。ビジネスには、やはり損得も数字もあります。その良さもあります。一方で、それだけではない部分も感じます」

田中は、会社の目指す姿を明確にしたかった。その根底には、自分たちの仕事の特性がある。

「私たちの仕事って、1個1円以下の商品もある世界です。だから、お客様とは長くお付き合いしてもらうことが大事です。嘘をつき、取り繕えば、仕事はなくなってしまいます。お客様と長く付き合っていくことは、会社のDNAになっています。目先が重要ではなく、ずっと長くお付き合いいただくためには、どうすれば良いかを考えています」

かつて、九州エリアの顧客が商品の発注を忘れていたことがあった。食品容器だ。切らすわけにはいかない。該当する商品は東京にあった。シンギの社員たちは考えを巡らせ、エリアごとの担当者が商品を抱え新幹線を乗り継いだ。

「コストが合わないこともあります。そのすべてが対応可能なわけではないですが、食品容器は止めることのできない商品です。お客様のミスはお客様が解決すればいい。それでは、信頼関係は築けないと思います。そのためにできる限りのことはするようにしています」

２０１４年に社長に就任した田中は、社内で15人のメンバーを選抜し、会社の理念や方向性を議論した。冊子にまとめられた『シンギらしく』には、経営理念や目指す理想の姿だけでなく、明確な業務マニュアルもまとめられている。電話応対や情報管理のマニュアルも極めて具体的に示されている。

あの「顧客第一主義」も明確に考えがまとめられていた。

「お客様に喜んでいただくことは商いの基本です。そして、その成果としてお客様から信頼されることを目指しています。お客様をないがしろにして事業は成り立ちませんし、発展していくこともあり得ません。（中略）ただし、お客様の要求や期待が、将来、お客様にとって不利益になることや法令に違反していること、信義の精神に逸脱している要請に対しては、勇気を持ってお断りすることも必要です」（『シンギらしく』より抜粋）

社員たちの対話が生み出したものは、これだけではない。営業所ごとの縦割りの体制だけでなく、横に展開する取り組みも始まったのだ。

「例えば、野球場ならば広島、東京、大阪、福岡などにも取引があります。そこをエリアの営業所ごとだけでなく、ジャンルで連携するようになりました」

興行施設の担当者が地域に関係なく情報を共有することで、成功事例が幅広く展開されるようになった。アイスクリームの容器を野球のヘルメットの形にしてみる。選手ごとのプロデュースメニューに個性豊かな形状で対応する。これらは、社員たちの企画力の結晶なのである。

## 食品パッケージとはなんぞや

初代社長・田中英夫は「田中は骨の髄まで紙コップ屋だ」という言葉も残るほど、この容器にすべての情熱を注いだ。ただ、彼が50歳でこの世を去ると、妻の清子が2代目の社長となった。主婦だった清子は、周囲の声に耳を傾け、新商品の開発や労働環境の改善に取り組んだ。この時代、シンギはプラスチック商品への参入を決めた。新素材への挑戦ができたのは、社員の発見と試行錯誤があったからだった。3代目社

企画会議の様子

長の田中幸夫はオイルショックにあっても、安定供給で取引先の信頼感を高めた。テーマパークにスタジアム、テイクアウトのメニューも多様になった。複雑化したニーズに応え、業績は拡大していった。

紙コップから始まり、素材にプラスチックが加わった。時代の流れを受け、形状やデザインもさまざまに求められるようになった。

機能か、デザインか、材質か。多様な要求の波にあっても、現社長の田中は明確な考えを持つ。

「かつては、容器には頑丈さや安さ、保存性、まとめやすくすることが求められました。ただ、これらは前提条件で、今もやっていることです。やはり、現在、食品容器において大事なのは、情報伝達だと考えています。この食品はどういうものか、どういう楽しさがあるか。無地のコップよりも球団のロゴが入っていれば、スタジアムでも楽しくなるはずです」

意識して目を凝らすと、食品容器にはさまざまなメッセージが添えられている。アレルギーの表示。熱いので注意。さらには、その特徴も伝わってくる。

確かに、駅弁を購入するとき、中身を確認しながら選ぶことはない。パッケージを見ながら我々はメニューや量などに思いをめぐらせる。

「駅弁のパッケージは、中身が見えなくてもお弁当の内容がわかるように工夫されています。できれば数秒で把握してもらえることが求められます。肉なのか、魚なのか、どんな特徴があるのか。ショーケースの前を通るときに認知してもらえるようにしたいです」

駅弁は、訪れた土地の思い出を倍加させてくれる。パッケージは、その名脇役なのである。一方で、彼らの取り組みは「ご当地」を飛び越えようとしている。

## 時空食堂の夢

静岡県に足を運ばなくても「桜えびめし」。北陸本線に乗車しなくても「金沢 牛おこわ」。駅ホームの売り子の風情が蘇る。これが、「時空食堂」だ。

少々説明が必要だろう。地元でしか味わえないものを、食材の細胞を壊さず冷凍してしまう。おこげの香ばしさや、プリプリした食感もそのままである。

2023年、シンギは新事業として、この冷凍食品ブランドを立ち上げた。空間の移動だけではない。時間も飛び越える。食品容器の会社とすれば、究極のテーマであろう。

この凍結技術が、ただものではない。凍結時の氷の粒が小さく、解凍時のドリップ量も少ない。このため、食品の「旨味、風味、色味」を損なわない。おせち料理だって、クリスマスケーキだって冷凍することができる。するとどうだろう。売上やコスト削減は容易に考えられるが、食品ロスの解消や計画的な生産で働き方改革に貢献することだって考えられる。

これらを可能にしたのが、「プロトン凍結」なる技術である。この出合いは、コロナ禍が関係していた。

「コロナ禍で売るものがなくなってしまった時期でした。あるとき、ある社員が『食品機械事業をやりたい』と言ってきたのです。ちょうど、機械メーカーの営業員が全国をまわれない時期でした。そこで、当社がエリア内の代理店として機械事業をやってみようということになりました」

その少し前、田中は持ち前のフットワークでプロトン凍結に出合っていた。そのときの発見と、コロナ禍にも前を向く社員の姿勢が結びついた。

シンギがまずラインナップに並べたのが「おにぎり」だった。

信州 おとなの牛めしおにぎり
明石名物 ひっぱりだこ飯おにぎり
北陸めぐり バイ貝おにぎり

「弁当をやれば、（食品容器で関係の深い）お客様の商売の邪魔をしてしまうことになります。おにぎり。これならば海外に展開することも考えられます。ヨーロッパ、アメリカ、アジア…日本の食文化の素晴らしさを世界にアピールするためです。これまでお世話になった駅弁業界の販路が広がってくれれば嬉しいです」

シンギには、１０００社におよぶ仕入先とのネットワークがある。もちろん、凍結に適したパッケージを用意することは変幻自在だ。

シンギの社名の由来は「信義」である。創業者の田中英夫の精神は、今も社内に浸

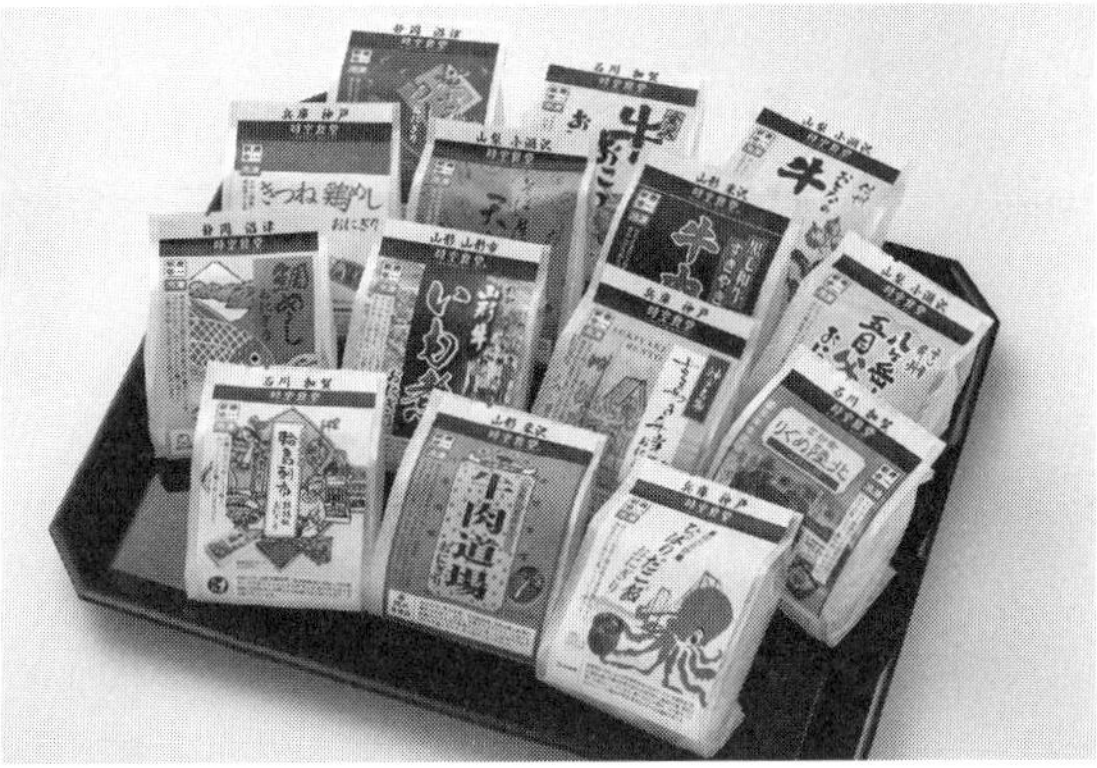

時空食堂（おにぎり）

透している。

「凡《およ》そ、商業道徳の基本は信義である。業界人同士、横の人間関係は信頼と道義でなくてはならぬ。（中略）縦の関係、社長対社員の人間関係も亦然《またしか》り、信頼、尊敬、愛情である」（『シンギらしく』より）

お客様のビジネスも妨げず、社員の前向きな情熱を生かす。それでいて、環境問題などにも貢献できる。コロナ禍に蒔いた種は、社の理念の結晶として輝きを増そうとしている。

## 脅威の離職率0・18

食品容器は「主役」ではない。しかし、これほどに人をワクワクさせる「脇役」もないだろう。シンギには、新たなことに取り組む社風もある。

「シンギに聞けば新しいことを教えてもらえる。そんな会社でありたいです」

だからこそ、新たな挑戦には周囲が背中を押し、積極的に情報を共有する。そんな会社の雰囲気を象徴する数字がある。

ここ10年間で新卒入社3年以内の離職率は0・18％だ。

「こうやって働いてくれる人が財産です。途中で離職すると、会社にとっても個人にとっても失うものが大きいと思います。うちは、面倒見の良い先輩社員も多いですね。思うに、社風って、経営者ではなく一人ひとりの社員の意思決定の積み重ねです。長く働いてもらえることは、本当にありがたいです」

納得して就職してもらいたい。だから、学生たちにもオープンに情報を公開する。若手社員が会社について説明する場を積極的に設けているが、そこでは包み隠すことなく職場についての会話が交わされる。仕事環境、人間関係、仕事内容、待遇…先輩たちの語りに、取り繕う様子はない。

「会社説明会、懇談会、面接…ふるいにかけられているのは我々の側です」

かつては長時間労働や休日出勤も当たり前の雰囲気があった。しかし、今や脳ドックや配偶者健康診断、バースデー休暇制度など、社員が働きやすい施策が次々と打ち出される。

低離職率の要因はそこだけではない。

「働き方も大事ですが、働きがいも大事です。そうでないと、長く仕事が続きません。新しい事業や新しい商品を営業員が売ってくれて世に出るときは嬉しいです。そういう喜びをみんなで共有したいと思います。私自身がそうですが、停滞する人とではなく前を向く人と仕事をした方が楽しいでしょう。前に進もうとする人たちで関わりあって、少しでもお客様や業界のために動いていたいです」

離職率の低さは、労働環境だけが要因ではなかった。新しいものを求め、前を向く人間たちが助け合い、顧客のために挑戦する。そんな積み重ねが、社風をつくり出していくのだ。

「企業のM&Aも経験したことがありますが、社風ってなかなか変えられるものではないと思います。新卒からしっかり教育して、前向きな行動を是とする空気にしていきたいです。与えられたことをやるのとは全く違います。なので、そういう雰囲気が合うかどうか理解してもらえるよう、学生たちにもしっかり情報をオープンにしたいと思っています」

## 環境問題、最大のミッション

お客様のことを考える。職場全体のことを考える。未来のことを考える。そうやって視野を広げていくと、環境問題は避けては通れない。

「ヨーロッパの展示会などを見ると、環境面への配慮に力を入れた商品が多くなっています。新しい素材や形状のプラスチック、紙の商品の開発が進んでいます。アメリカのスタジアムでも、フード系はプラスチック容器が中心だったのが、バガス（サトウキビの絞りカス）を用いたものが出てきています。環境については私たちだけの問題ではありません。パッケージメーカー、消費者、食品提供者、行政、みんなと取り組まなければならないと思います。環境を無視して仕事をすることはできません。社会の流れを考えれば、それぞれがプロとしてできる限りの対応を考えなければなりません」

瀬戸内海に新たに流れ出る海洋プラスチッ

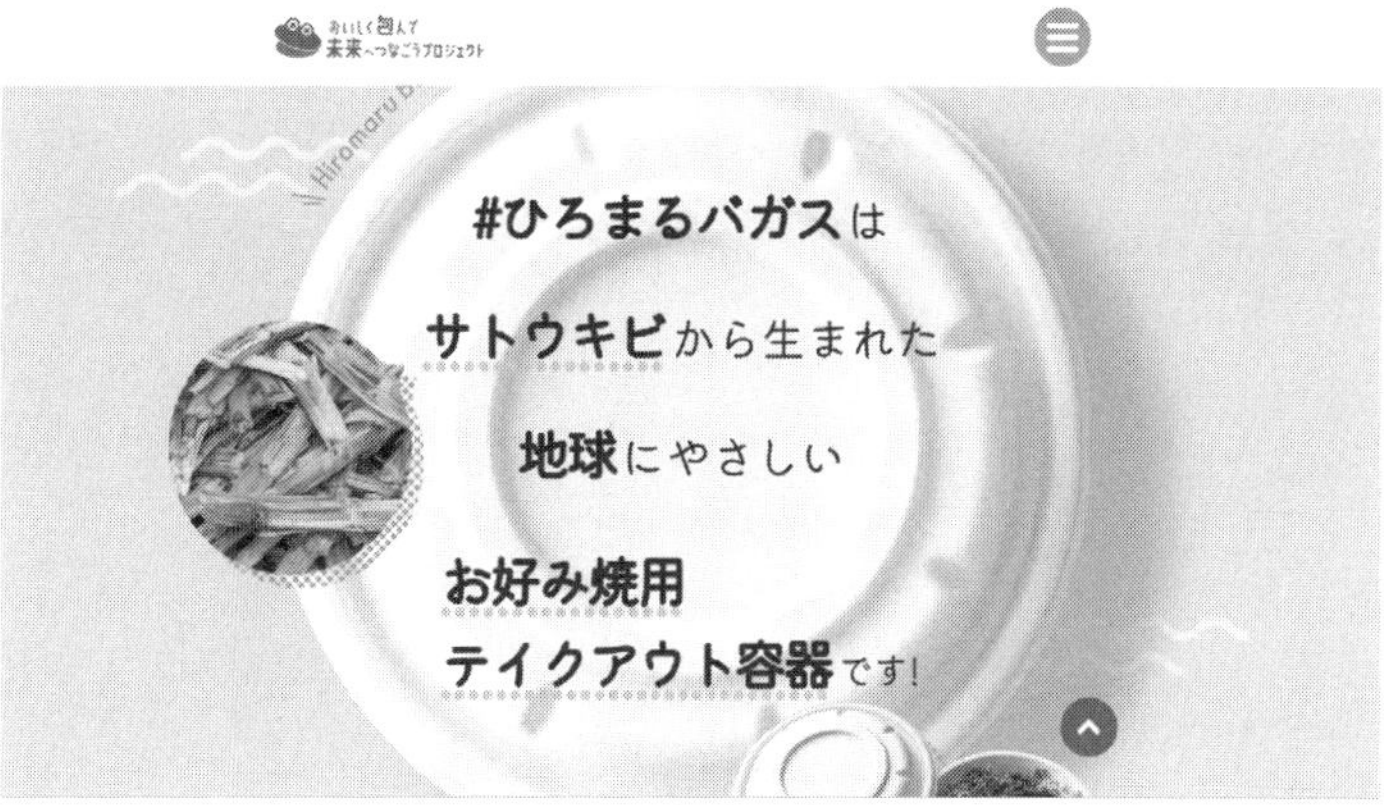


「＃ひろまるバガス」は海洋プラスチック削減のプロジェクトにも参加しています

クごみの量を2050年までにゼロにすることを目指し、広島県は「GREEN SEA瀬戸内ひろしまプラットフォーム(G SHIP)」を設立、シンギも積極的に参加している。

エコなプラスチックの使用。さらに、バガスをスプーンやナイフ・フォーク類にも採用した。さらには、リユース商品のクオリティーも極めて高くなっている。

課題に取り組むことが、社員の働きがいにつながり、顧客の満足を生み出していく。それが社会問題の解決に寄与するならば、チャレンジしない理由はない。

## 未来に挑む若者たちへ

海外で学んだ経験もあれば、今もビジネスで国内外を飛びまわる。それでも、田中は故郷である広島に特別な思いを持つ。

「広島で生まれ育ったことは貴重な経験です。世界のどこに行っても広島は有名です。多くの人が知ってくれています」

しかし、それだけが職場選びの決め手にならないことも知っている。

「働く会社を決めるポイントは、場所ばかりではないと思います。一人ひとりの若者と会社がマッチするかがポイントです。昔、友人の家に遊びに行ったら、その家独特の匂いのようなものを感じた記憶はありませんか？　そういうことに近いと思います。いろんな会社を見て話を聞いて、社風が自分に合うか合わないかを見極めてほしいと思います」

食品パッケージは独特である。顧客のニーズは多種多様、商品の供給を絶やすわけにはいかない、それでいて1個数円のものもある。地道に信頼を積み重ね、一歩ずつ挑戦を続けるしか、信頼を勝ち取る方法はない。

「もう一度、生まれ変わってもシンギで働きたいと思ってもらえるような、そんな会社になれたらと考えています」

創業92年目の舵をとる田中の覚悟は、「１００年企業」のそれを超える迫力とやさしさがある。

## 会社概要

会　社　名：株式会社シンギ
創　　　業：1932（昭和7）年1月
設　　　立：1952（昭和27）年6月
代　表　者：代表取締役　田中友啓
本社所在地：〒730-0826 広島市中区南吉島2-1-24
営 業 拠 点：東京支店、大阪支店、名古屋支店、広島支店、福岡支店、仙台支店、札幌営業所、横浜営業所、金沢営業所、静岡営業所、京都営業所、神戸営業所、岡山営業所、高松営業所、沖縄シンギ
物流センター：関東商品センター、静岡商品センター、広島商品センター、北海道商品センター
資　本　金：3億1,000万円
従 業 員 数：225名
事 業 内 容：紙器およびプラスチック製食品容器の企画・製造・販売

## 沿革

| | |
|---|---|
| 1932年 | 大阪で紙容器の製造販売を行う信義商会を創業 |
| 1945年 | 戦火により休業 |
| 1947年 | 広島市中区昭和町で事業再開 |
| 1952年 | 株式会社信義商会に組織変更 |
| 1953年 | 東京営業所（現在の東京支店）を開設<br>以降、北は北海道から南は沖縄まで全国15か所の販売営業網を築く |
| 1959年 | 本社・工場を現在の広島市中区南吉島に移転 |
| 1984年 | 株式会社シンギに社名変更 |
| 1989年 | 前年に火災で焼失した、本社新社屋が完成 |
| 1995年 | 静岡商品センターを開設 |
| 2008年 | 広島商品センターを開設 |
| 2015年 | 関東商品センター（埼玉県）を開設 |
| 2016年 | 株式会社沖縄シンギを設立 |
| 2018年 | 食品検査サービスを開始 |
| 2020年 | 株式会社ハリマシギョウ（兵庫県）をグループ会社化 |
| 2021年 | 特殊凍結機の販売を開始 |
| 2022年 | 株式会社エムケーエム（福井県）をグループ会社化 |
| 2023年 | 北海道商品センターを開設<br>冷凍食品を販売する新事業「時空食堂」ブランドを開始<br>時空食堂オリジナル商品「冷凍駅弁おにぎり」の販売開始 |

# 挑戦、行動、積極的。夢あってこそのHappyhappy Spechigher

**ヒロマツホールディングス株式会社**
自動車関連・不動産・観光・飲食事業

地元広島を元気に楽しく

代表取締役会長兼CEO
**松田哲也**

×

**坂上俊次**

## 松田《まつだ》 哲也《てつや》

AGE 55 PROFILE 1969生まれ／広島市出身／A型

広島マツダを軸に、新観光施設「おりづるタワー」やお好み焼「みっちゃん総本店」等、無尽蔵な多角化を進め、さらに海外にも目を向けた進取果敢な展開で現在30以上のグループ企業を従える。社長に就任10期後、46歳の若さで突然退き後進に道を譲る。2023年にホールディングス化、現職。自称「広島で最も予約が取れない会長」

### 社長に聞く10の質問

**01 仕事をするときに心掛けていることはありますか？**

目前のモノ・コト・ヒトに全力で対応する、自分のスペックを高めるべく少しずつ誠実に進歩すること

**02 今一番努力していることは何ですか？**

「終活」。スタッフと建設的な対話を重ね、私が不在でもより良い存在となれるよう精進しています

**03 毎日必ずやっていることはありますか？**

早起きし昨日をリセット、一日のスタートを充実させるため、いろいろなルーティンを取り入れています

**04 社長の強みと弱点を1つずつ教えてください。**

「未来志向」。変化が好きな性質で、常に新しい何かを探しています

**05 子どものときの夢は何ですか？**

小学生はプロ野球選手、中高校生は希望なし、大学生は政治家や音楽系メディアに関心がありました

**06 最近感動したことや涙した出来事は？**

小さな感動や涙が生まれるように日々心がけています。最近では広島ドラゴンフライズの優勝

**07 今一番やりたいことは何ですか？**

グループ全社を利益体質にすること。そのために若手を抜擢、大活躍を見たいです

**08 好きな言葉はありますか？**

「Forever Young」。理念に加え、この言葉をいつも瞑想のように唱えています。ずっと感性を若く保ちたいですね

**09 好きな本は何ですか、またその理由は何ですか？**

「経営は数字ではなくロマン」。魅力ある社長になれ、そこから組織も輝く、という考え方の本です（書名不明）

**10 明日が地球最後の日だったとしたら何をしますか？**

きっと最後まで諦めず、解決策を絞り出して行動しているはずです

## 人生をトップスピードで駆け抜けるために

人生100年時代、その歩みを「マラソン」に例える人もいる。しかし、ヒロマツホールディングス株式会社会長兼CEOの松田哲也は違う考え方を持っている。カラフルなパーカーを着こなし、口調には抑揚が効いている。みなぎる活気からは、55歳というプロフィールを疑ってしまいそうになる。

「時間を区切ることで、凄く速く走ることができます。何かを達成できたらやめる。そういう考え方ではありません。あらかじめ『何年』と区切ることで、全速力で駆け抜けられます。少々大変なことがあっても、寝不足の日があっても、頑張ることができると思います」

実際、松田は2015年に46歳で社長を退任している。

「なってみるまでは、社長って全知全能の神のように思っていました。でも、実際になってみると、全くそうではなかったです。年齢とともに新しいことに挑戦しなくなる人も多かったですし、話題の中心が健康という経営者もいました」

それを否定したいわけではない。松田は「自分もそうなるだろう」と肌で感じていた。だからこそ、2005年に広島マツダ6代目社長に就任したときには、「10年で辞めよう」と心に誓っていた。

マラソンコースを短く区切ることで、短距離走へと変貌させた。息があがってもいいじゃないか。前のめりに倒れ込んでもいいじゃないか。ペース配分など計算しなくていいじゃないか。

その間の景色はどうだっただろう。

西日本最大級のショールームを備えた宇品本店。国内最大級の展示台数を誇る石内山田店。そして、2010年に取得した広島東京海上日動ビルを「おりづるタワー」として生まれ変わらせた。

10年と区切るから、バトンタッチも成功する。広島マツダは柔軟な組織体制で、コロナ禍も乗り越えた。

「僕は新しいことをやろうと思います。次の居場所を自分で見つけないといけませんからね」

マラソンを短距離走に変えた男は、リレーゾーンでもスムーズにバトンを渡した。そして、次なる未来へアンテナを張る。

飲食業、観光、不動産だけではない。２０２１年には、ベトナムで自動車整備士学校を開設し、人材紹介業にも参入している。２０２３年には、商号もヒロマツホールディングスとなり、グループ会社の数は30を超えるまでになった。

## 無謀な挑戦が、会社を変えた

80年を超える会社の歴史は、おりづるタワー完成を境に大きく色合いが異なる。原爆ドームのすぐ横に建つ12階建てのビルを取得し、リノベーションした。新設された屋上部分からは原爆ドームを見下ろすことができる。ガラス窓越しではなく、吹き抜ける風とともに広島の過去と未来を展望することができるのだ。

原爆ドームと向こう側の緑。太陽の光もあれば、それを反射して輝かせる元安川の流れもある。もちろん、戦争から立ち上がった人々の営みも風景に溶け込んでいる。平和だけでもない。復興の象徴だけでもない。観光だけでもなければ、地域振興だけでも語れない。

「この景色を見せることが私の使命なのだ」

純度の高い思いが、松田を突き動かした。ビルの取得が２０１０年。２０１３年に改修計画の発表。翌2014年に工事を開始、2016年がオープンだ。実に、この挑戦は7年もの歳月を費やしている。しかも、このプロジェクト、行政など第三者の力を借りていないのである。

「最初は、僕と担当者の2人でスタートしました。そこに、夢を抱いた若者が加わってくれました。試行錯誤の日々で。結果的には7年もかかってしまいました」

計画や計算よりも、夢や理念が先行した。例えば、「おりづるの壁」である。ビルの壁の一部にガラス張りの細長い箱を設置し、来場者がおりづるを投下すると、それが50メートルにわたって舞うのである。

このアイデアは、設計案も固まった最終段階でメンバーから出されたものだった。これによって工期も9か月延びることになるわけだが、松田に迷いはなかった。結果的には、このアイデアがプロジェクトを通底するコンセプトを確固たるものにした。

「コンセプトのすべてが『おりづる』で集約されることになりました。折った鶴を投げ入れるという体験型ということも大きな要素でした」

計画通りではない。計算を重視するわけではない。スタッフたちは、とことん自分たちでトライした。

おりづるタワー。右は「ひろしまの丘」

「カフェも自分たちで、商品陳列も自分たちで。ノウハウを自分たちのものにしたかったです。時間も7年を要し、費用も約90億円かかりました。でも、このことで、うちの社風に変化が生まれたような気がします。『自分たちは、なんでもできる』。そんな空気です」

経営は「ロマンと算盤」なのかもしれない。しかし、この時期、松田は「ロマン」に大きく未来を賭けた。

「こういう雰囲気になることを狙ったところも少しありましたが、それ以上でした。社員たちが一気に目覚めた感覚です。凄いことだと思います。自分たちは自動車を売ることでなくても、何でもできる。ゼロから立ち上げることができる。そんな感じになりました」

## 本気の営業に目覚めた日

人生が一本道だったわけではない。もともとは放送業界に憧れ、大学時代はテレビ局でアルバイトもしていた。

「フロアディレクターや番組進行資料もつくり、バイトリーダーもやっていました。社員さんたちを見ると、クリエィティブな人が多くて、カッコ良かったです。早い時間帯はリラックスして冗談を飛ばしていても、夕方のニュースの時間に合わせて全員が一気にまとまります。こういった雰囲気が楽しかったです」

ほかにも、電柱にチラシを貼るアルバイトやチラシ配りもやったことがある。

曽祖父がマツダの事実上の創業者である松田重次郎。祖父の兄は、松田恒次（第3代マツダ社長）。祖父の宗弥は、マツダ車を広島県内で販売するディーラーとしてマツダモータース（現・広島マツダ）を創業し、父・欣也がその後を継いでいた。

そんな華麗な系譜をよそに、松田哲也は、持ち前の明るさとパワーで青春を謳歌しているかのようだった。卒業後は、テレビ局に就職するつもりだった。

しかし、運命を直視しなければならない日はやってくる。

就職活動のタイミングで、伯父でありマツダ社長、広島東洋カープのオーナーも務める松田耕平に面会を申し込んだ。テレビ局の就職に力添えなどのシナリオも頭にはあった。ただ、状況は一変する。

「そりゃ、テレビ局に就職できるかもしれない。でも、松田家に生まれてきてそれでいいのか？　多くの人は、自分で人や組織を動かしたい、世の中を動かしたいと思ってやっている。テレビ局に入って、いつか部長や課長になれば嬉しいか？　大事なのは仕事内容か？　違う。男は何を成すかだと思う」

この言葉が人生を変えた。松田哲也は､運命を受け入れる決意をした。多感な中学・高校時代から疎遠になっていた父に連絡を入れた。１９９３年、父の指示を受け、神戸マツダに入社した。

車の営業は甘くはなかった。「なかなか売れなくて。すぐに同期で一番になれると思っていましたが、全く違いました」

元気よく挨拶をする。車の説明をする。値引きについても真摯に対応する。しかし、結果には直結しない。そんなときに、生き生きと活躍する同年代の姿を見て、ハッとした。

「カッコつけている場合じゃない。お客様に対応はしていても、魂を込めていませんでした」

そこから、松田は変わった。

「いらっしゃいませ」の一言も、相手の印象に残るよう心がけた。

お客様に出すコーヒーも、美味しく淹れる工夫をした。

「車も大事ですが、まずは、自分という人間を好きになってもらいたい。信用してもらいたいと考えるようになりました。短時間でお客様の心をつかむため、服装とかいろんな話をできるようにしました。お願いベースで懇願することもありました」

今では現実的ではないが、驚きの取り組みも実行した。

「定休日のお店に行って電気をつけていると、お客様が入ってくるのです。そこで、車の相談を受けて、それが販売につながっていきました」

いつしか、新人の中でも売上2位にまで浮上した。特に、初年度終盤の勢いは凄まじいものがあった。

携帯電話のない時代だ。週末になると、車を購入したユーザーが松田を訪ねてくることもあった。

「閉店に近いタイミングでお客様がやってきて、一緒に飲みに行こうと誘ってくれるのです。嬉しかったですね」

猛烈に車を売る。それでいて、売ることだけではない。人対人の心の通う関係を構築していたのだった。やはり、行動力なのだ。トップスピードに乗ると、止まらない。松田のパワーの源は、このあたりに原点があるように思える。

しかし、快進撃は急ブレーキを余儀なくされる。1995年の阪神大震災を受け、松田は神戸を離れ、広島に戻ることになったのだった。

## 簿記と宅建と僕と

取締役調査部長。広島マツダに入社した彼の肩書きである。

「ワンマン経営者の息子で、24歳、いきなり役員。特に仕事もなくて、何かを質問すると分厚い書類で回答される。正直、周りにカベをつくられていましたよね。本当は、神戸マツダで経理や人事まで研修するはずでしたが、震災で予定は狂いました。役員会議に出席しても、数字が読めませんから。限界利益、5年後利益。チンプンカンプンでした。いつしか会社から足が遠のくようになってしまいました」

ただ、名誉のために強調したい。会社から足が遠のくのは褒められたことではないだろうが、その間、松田は勉強に励んでいた。

「半年くらい、中小企業大学に通っていました。会社から離れる時間は多くなりましたが、簿記や宅地建物取引主任者の資格を取りました」

これが起死回生だった。この頃、広島マツダを率いた父・欣也の関心は不動産事業に向いていたのだ。

時代背景もある。バブル崩壊後の1996年、マツダは筆頭株主のフォード・モーター（アメリカ）が経営権を握り、リストラを含めた「改革」を断行していた。ディーラーである広島マツダにも影響は及んでいた。

「これまで親族が経営していたわけですから、マツダとの関係も心情的なものも含めて変化はしました。車を売るディーラーとしての広島マツダは、法人のお客様に支えられている色合いが濃く、週末は店舗も休んでいるような状態でした。父に週末の営業を進言したこともありますが、そうはなりませんでした。父は、車の販売への情熱を失くしていたようにも見えました」

一方で、1933年創業の歴史がある。信頼と信用もあり、多くのマツダ車を極端な値引きに頼ることなく販売できたのだ。そして、広島県内の一等地に店舗を持っていた。

「日本の景気も悪化している時期でした。父は、店舗を閉鎖して、その場所で不動産事業を展開するようになりました。車の販売が1～2億円赤字でも、不動産収入が3億円あれば会社としては黒字です。さらに、残った店舗の効率も上がります。父の方針もありましたが、役員も全体的に同様の考えでした」

そこに、土地と数字に強い松田哲也である。社内での発言力も高まり、再び、社業に情熱を注ぐようになった。そもそもが、バンド活動や劇団でも舞台に立つような性格だった。明るく社交的な人柄は、社内外の人間関係をスムーズにした。

社内では、営業マンたちの心をつかみ。社外では、多くのステークホルダーたちに可愛がられた。

店舗の閉鎖、業務の整理。効率的な運営。時代背景からすれば最善かもしれないが、松田哲也の性格からすれば、「撤退戦」の色合いは好みではなかった。しかし、彼は目の前の仕事に邁進した。そして、2006年、広島マツダの6代目社長に就任することになった。

## 「攻め」の原点回帰

2007年、広島マツダは西日本最大級のショールームを誇る宇品本店（広島市南区）をオープンした。14億円を投じた拠点は、先代社長の方向性とは真逆に舵を切るものだった。

新規の投資や新卒採用を控え、店舗をスリム化していく。時代背景もあれば、一定の利益も出していた。経営方針として、否定すべき要素があったわけではない。しかし、新社長は正反対に針路をとった。

マツダ宇品工場に隣接し、敷地面積は5000平方メートル。液晶テレビ付ソファやマッサージチェアがあるラウンジスペースも含め、業界でも大いに注目を集めた。

「全車種、全色が見られるようにしたかったです。理想の店舗を目指しました。愛着もあるし、細部まで練り上げたショールームでした。例えば、給湯室です。なんとなく暗い雰囲気が好きじゃなかったです。ここもこだわって、オープンなものにして、カウンターの中にキッチンの機能を入れました」

若きトップの挑戦だ。松田は3～4か月にわたって眠れない時期もあったという。

これまでと真逆の展開に不安もよぎったが、情熱や勝算もあった。

「僕には、マツダの血が流れています。素晴らしい車も多く、マツダの車はまだまだ売れると確信していました。論文や資料も読み込みましたが、これからはお客様を広域から呼び込んでくるという考えもありました」

２０１４年には石内山田店（広島市佐伯区）もオープン、攻めの勢いは衰えることがなかった。

それだけではない、海外事業強化を目的に中国人社員の採用にも力を入れたのだ。「広島マツダが人気のある会社でもありませんでした。そこに、中国の一流大学から新卒の学生がやってきてくれたのです。頭脳明晰な彼らに、『日本にあって広島にないもの』『広島にあって日本にないもの』を探してもらいたかったです。彼らは数年で退社しましたから、成功ではなかったかもしれません。

宇品本店

それは、彼らレベルの仕事を与えられなかったこちらの責任です。もっとエキサイティングな仕事を用意できればよかったです」

顕著な成果はなかったかもしれないが、挑戦は常に副産物をもたらしてくれる。なにかを起こそうとするマインドは社員に伝わった。のちの中国ＩＴ企業・ＦＣＳ大連との連携も、このときに築いた信用がベースになっている。

経費削減より新しいことに挑戦する。過去の分析より、未来への夢。国内も海外もない。若手社員の意見を聞き、権限は委譲する。

会社のモットーは「Happyhappy（あなたの幸せが私の幸せ）・Specigher（誠実な努力で日々成長）」なのだから、会社の空気はかつてとは別物になっていた。

ハード面だけではない。「働き方」にも着手してきた。メディアでも注目された「ダブルワーク」システムである。広島マツダの社員が、興味のある関連会社で役員を務めるのだ。宿泊事業、カフェ、映像制作、モデル事務所、さらにはレーシングチーム。広島マツダには30以上の関連会社がある。会社に勤めながら、夢を追うことが可能になるのだ。もちろん、新事業を立ち上げることだって可能だ。

これは目新しさを狙ったことではない。会社として、現実路線の判断を突き詰めてのものだった。

「15年以上前、ある社員が飲食店でアルバイトをしたいと申し出てきました。家庭の事情でお金が必要だったようです。当時のうちの給料も高い水準ではなかったですから、許可するしかないと思いました。ダブルワークはここから生まれたものです」

制度は整備され、ダブルワークはグループ内で定着した。社員たちの新たな挑戦を関連会社とすることのメリットは大きい。

「企業は、人件費と家賃が8割くらいのことがあります。広島マツダの関連会社とすれば、本社は広島マツダ内にしてもらって構いません。総務系のバックヤード機能も、グループ内で共通化できる部分があります。こうしておけば、新しいことに挑戦しやすくなると思います」

ポジティブなのだ。未来志向なのだ。とにかく明るい会社なのだ。社員を制度でしばるのではなく、共に可能性を探っていくのだ。

「広島マツダの仕事の休日を使ってチャレンジすればいいのです。利益が出れば、自分に報酬も返ってきます。こういうことをやっていけば、会社も地域も強くなっていくと思います」

## おりづるタワーの先へ

２０１６年、おりづるタワー完成に目を細める松田は代表取締役会長兼ＣＥＯになっていた。前年に就任10年のタイミングで社長を退任していたのである。10年の「短距離走」を見てきた社員たちは、「なんでもやれる」「自分たちでやれる」の空気になっていた。

自動車販売も、不動産関連も仲間たちに託した。しかし、松田は次なる短距離走に意欲を燃やす。

２０１７年に結成したレーシングチーム「HM-Racers」はスーパー耐久レースに挑戦するなど、モータースポーツを通じた社会貢献を志す。

「広島マツダのもうひとつ上のカッコよさをつくりたいです。別会社としてチューンナップをやって、レースをやって、パーカーやステッカーも販売した

レーシングチーム「HM-Racers」

いです。広島マツダを超えたブランドにするのが目標です。デミオで参戦し勝利することで、ユーザーの心もくすぐりたいです。そういうことを実現させて、広島マツダで車を買うと面白いと思ってもらえるようになればと思います」

ほかにも、新生・フタバ図書の事業に共同参画。民営化に伴い滑走路とターミナルビルの一体運営を行う広島国際空港の共同出資。お好み焼みっちゃん総本店を運営する（株）ＩＳＥ広島育ちもグループ傘下に加えた。そのエネルギッシュな姿勢はとどまるところを知らない。

## 「好き」を原動力に、社会を良くする

松田はハワイが好きだ。

かつて、社員旅行で訪れたときに、広島出身の職人が一人で営む寿司店に出会った。興平寿司。２０１７年、大将の小原一人さんが、引退を決断した。松田は、２年あまりをかけて事業を引き継ぎ、地域に根付く小原さんの空間を継承した。地元の人たちや日系人にとって大事な場所を絶やさなかった。

松田は沖縄が好きだ。

2020年、沖縄で高級輸入車のレンタカー事業を始めた。リンカーンリムジンでの送迎を含め、非日常のサービスは多くの人の支持を受けている。

「好きということが入口です。それでいいと思っています。そこから社会の課題を解決したいと考えています。喫緊の課題であり、ほかの人がやっていないこと。いくつかある解決策の一つを提案できればという思いです」

今度は、ベトナムだ。

「ベトナムの雰囲気が好きです。人もやさしく、食事も美味しいで

ベトナムの自動車整備士学校

す。ベトナムの人は真面目だとも耳にしました」

２０２１年、ベトナムに自動車整備士学校を開設。人材紹介事業にも乗り出した。ベトナムで育成した整備士を、日本国内の同業他社や整備工場に派遣するのだ。日本の整備士不足を解消し、国際交流にも寄与する取り組みだ。日本車・日本製工具を使って研修し、日本語の習得にも努める。受け入れる企業だけでなく、派遣される若者の人生設計も大事に考えるのが特徴的だ。

「整備士は、どうしても必要な仕事です。世界中で重宝されます。国内は人口減少ですが、ベトナムには多くの勤勉な若者がいます」

根底には「ベトナムが好き」の思いがある。だからこそ、目先の利益だけではない理想を追うことができる。

「好き」が原動力の事業には、夢がある。

「好き」が原動力の事業には、愛情がある。

社長を10年で退任したが、松田の目はますます輝いている。

## 若者よ、夢を語ろう。チャレンジしてみよう

事業の多角化を進めてきた。そのジャンルは多岐にわたる。それでも、松田は「うちは自動車の販売会社です」と即答する。

「自動車ディーラーの仕事って、ハードで、週末も勤務で、ノルマを伴う場合もあります。僕らは、お客様の家をピンポンして挨拶しながらまわった世代です。そんなイメージを変えたいと思ってきました。それに人口減少や経済の停滞も予想されたことです。それで多角化を進めたところがあります」

会社の歴史を培った「本業」の誇りと、ジャンルを問わないチャレンジ精神。ヒロマツホールディングスの進化は止まらない。

そんなトップだからこそ、若者へのメッセージも独特の匂いを放つ。

「出る杭になって、戦ってほしいです。人と違うことをやった方が成功できると思います。僕たちも、世の中のニーズの隙間をやってきたところがあります。人と同じことをやって最大多数に入ると、埋もれてしまう確率は高いです。人のやらないことをやるしかありません。そして、好きなこと、やりたいことに力を注いでほしいです。

人の3倍働くことがあってもいいでしょう。週休4日があってもいいでしょう。それぞれが、どうするか。それぞれが何をするかだと考えます」

都会に挑み、海外も飛びまわった。だから、アグレッシブに挑戦すれば良いと考える。一方で、故郷である広島の素晴らしさも噛み締める。

「東京は大都会で一極集中です。チャンスも刺激もあるでしょうが、競争が激しくて浮かび上がることが難しいかもしれません。広島は戦いやすい町と考えられるかもしれません。そういうことを受け入れる空気もあると思います」

おりづるタワーから見下ろす景色に平和を感じてほしい。

一方で、おりづるタワーを見上げてみてほしい。

聖域なしで挑戦を続ける老舗企業の魂が感じられることであろう。短距離走の繰り返しが、いつしかフルマラソンの成功につながることが実感できるはずだ。

## 会社概要

| | |
|---|---|
| 会　社　名 | ヒロマツホールディングス株式会社 |
| 創　　　業 | 1933年（昭和8年）1月（広島マツダ） |
| 設　　　立 | 1988年（昭和63年）1月 |
| 代　表　者 | 代表取締役会長兼CEO　松田哲也 |
| 本社所在地 | 〒730-0016 広島市中区幟町13-4 |
| グループ会社数 | 全33社（海外法人を含む） |
| 資　本　金 | 2,000万円 |
| 従業員数 | 1,248名（2024年10月1日時点） |
| 事業内容 | 自動車関連・不動産・ICT・人材派遣・観光・アパレル・飲食事業 |

## 沿革

| | |
|---|---|
| 2005年 | 6代目社長に松田哲也が就任 |
| 2007年 | 宇品本店オープン |
| 2009年 | カーセブン広島大州店オープン（車買取・委託販売） |
| 2011年 | 株式会社FCSワールド設立<br>(株)ブローダを設立 |
| 2014年 | 石内山田店オープン |
| 2015年 | 代表取締役会長兼CEOに松田哲也が就任<br>MAHO Limitedを設立 |
| 2016年 | 尾道山波店リニューアルオープン<br>(株)ザ・ステージをグループ傘下に<br>おりづるタワーグランドオープン |
| 2017年 | 可部店リニューアルオープン。ラ・ルークス（株）を設立。HM RACERS発足 |
| 2019年 | Yohei Sushiをグループ傘下に |
| 2020年 | ジャパニーズビューティ(株)を設立<br>株式会社ビー・エー・シーを設立<br>広島Connection株式会社を設立 |
| 2021年 | 沖縄にて高級輸入車レンタカー DX オープン<br>「TowelHotel Naha」を創業<br>「蔵宿いろは」の事業を継承 |
| 2022年 | 株式会社ISE広島育ち（お好み焼みっちゃん総本店）をグループ傘下に<br>西条店リニューアルオープン<br>「蔵宿いろは」の名称を「厳島いろは」に変更 |
| 2023年 | グループ各社を傘下に新体制ヒロマツホールディングス株式会社へ |
| 2024年 | Yohei Sushi のハワイ2号店「Yohei Sushi KAHALA」をオープン |

# 誠実、正直、信頼。直球勝負の親子（正明・圭市）の物語

**おおたけ株式会社**
青果物など業務用食品類の卸売

地元広島を
元気に楽しく

×

代表取締役社長
**笹野圭市**

**坂上俊次**

## 笹野《ささの》 圭市《けいいち》

AGE 53 PROFILE 1971年生まれ／広島県大竹市出身／B型

上智大学卒業後、放送局に入社し、報道の記者や番組ディレクターなどの職務に就きました。転じて化粧品メーカーに勤務し、主に国内のテレビ広告のメディアバイイングを担当しました。その後、中国上海の現地法人に出向し、中国国内の広告プロモーション担当を経て、帰国後は本社からアジア域各国広告業務をサポートしました。2015年おおたけ㈱に入社。2019年から現職。

### 社長に聞く10の質問

**01 仕事をするときに心掛けていることはありますか？**

現況を公理と情緒の両面から捉えて課題を抽出する、という思考を自身に課しています

**02 今一番努力していることは何ですか？**

社員に喜びを与えられるような人格の成長を期して、学びに取り組んでいます

**03 毎日必ずやっていることはありますか？**

寝る前、その日に他者に対して発したすべての発言や振る舞いを思い起こしています

**04 社長の強みと弱点を１つずつ教えてください。**

強みは自身の想いを論理的に伝えられること。弱みは社交性にかけることです

**05 子どものときの夢は何ですか？**

文芸評論家になりたいと思っていました

**06 最近感動したことや涙した出来事は？**

子どもの通う学校の先生方が一人ひとりの生徒に懸命に寄り添う姿を目の当たりにしたこと

**07 今一番やりたいことは何ですか？**

妻子と一緒に長めの旅に出かけて一生懸命遊びたいです

**08 好きな言葉はありますか？**

情理を尽くす

**09 好きな本は何ですか、またその理由は何ですか？**

デカルトの『情念論』。情念と徳、理性の関係性がわかりやすく論じられているからです

**10 明日が地球最後の日だったとしたら何をしますか？**

妻子と3人で「良い人生だった」と語り合いながら逝きたいです

## 人生一代　企業は末代

名物社長が「食道がん」を宣告された。戦前から大竹市で青果物の卸売業を営んできた会社を、業務用野菜卸で中四国トップシェアに成長させた笹野正明（現・会長）である。早朝からトラックで市場に通い、夜は飲食店を訪ね歩いた。大胆な設備投資で、衛生面・安全面にこだわった。幅広い交友関係から学んだ知見は、つねに、一歩先のビジネスモデルにつながっていた。１９９８年、広島市西区に新社屋を構え、この2年前には冷蔵庫も増設していた。

がんを宣告された笹野正明社長（現・会長）は、治療のため東京にやってきた。都内には、息子の笹野圭市（現・社長）が家族とともに暮らしていた。広島に生まれた圭市は、テレビ局に勤務した経験もあり、当時は大手化粧品メーカーで広告部門を担当していた。仕事も生活も軌道に乗り、長男は幼稚園に通っていた。

広島へ帰って会社を継ぐというプランはなかった。むしろ、「豪腕経営者」と「知的でロジカルなビジネスマン」の色合いの違いもあった。

都内の病院で診察を受け、正明は羽田空港から家路に着く。空港での見送りのとき、幼稚園児の孫が泣きじゃくる。

「孫に対して器用にコミュニケーションができる人間ではありませんでした。子どもが興味を持たないような自分語りをしていた場面も覚えています。自分の人生を熱く語る父に対し、孫はポカンとした表情でした。むしろ、話をしたくてもそれしかなかったのかもしれませんね」と圭市は振り返る。

しかし、67歳になった正明の深い愛情は、家族に伝わっていた。東京での生活も軌道に乗っていたが、未来に思いを馳せてみた。

「若い頃は広島を飛び出したいばかりでしたが、ふと故郷を思い出します。息子にも、広島で育ってほしい気持ちもありました。広島に戻ることも会社を継ぐことも父から求められたことはなかったです。でも、息子もちょうど幼稚園を卒園するタイミング。頑健だと思ってきた父に健康面の心配。これがタイミングではないかと思いました」

岩国空港に降り立つタイミングで、正明の携帯電話に着信があった。

「オヤジ。帰るで。ゆっくりしてくれ」

息子の愛ある決意にも、正明は名物社長らしい言葉で応えた。

「自分から帰ると言ったからには、弱音を吐いたら許さんぞ」

1949年からの歴史がある。3代目社長の正明は「人生一代　企業は末代」が口癖だ。

「ワシには優秀な社員がいっぱいおる」。そう言い放つ67歳は、息子が帰ってくるとは思ってもいなかった。

## おいしい　しあわせ　ひろげたい

広島市内で、笹のマークの冷蔵トラックを見かけない日はない。物流センターからの分配も含めると、約1000店舗に新鮮な野菜を届けている。トマト、ニンジン、タマネギ、キャベツ…その種類は約200。産地やサイズをカウントすれば、数千以上の商品を扱っている。飲食店、ホテル、病院など、取引先は多様である。工場内はエアシステムによる殺菌に、自動手洗い、アルコール洗浄と衛生管理も徹底されてい

笹のマークの冷蔵トラック

る。笹のマークのトラックは、すべてが冷蔵・冷凍車。配送中も温度測定器で管理されている。正直な商売と安全・衛生面で、おおたけ株式会社は取引先の信用を築いてきた。

3代目社長の笹野正明は間違いなく会社の「中興の祖」であった。1970年、関西学院大学を卒業すると、大竹食品納入株式会社（現在のおおたけ）に入社した。厳密には、学園紛争の時代だ。彼は、大学在学中からトラックに乗って家業を手伝っていた。創業者の祖父は厳しかった。

「ワシの目の黒いうちは、一切の役職にはつけない」

その言葉通り、正明（会長）は早朝3時に起床し、市場に通う日々。食材を学ぶため、料理教室にも通った。料理人の声を聞いてまわった。職人気質の男たちに怒鳴られることも日常茶飯事だった。

トラックに乗って、病院、学校給食、八百屋、大竹市内を配達した。現場ではお客様の声を聞くことも大事にした。すると、時代の流れが見えてくる。

「1990年代になると、大手スーパーの進出もあり、地元の八百屋の売り上げが落ちてきました。一方で、カット野菜のニーズが高まるように感じました」

新鮮な野菜をあらかじめカットして提供する。衛生面の徹底はハイレベルで求められるが、お客様や社会の役に立つ確信があった。

「料理人と話すとき、野菜をカットする大変さを聞きました。それに、厨房で大量の廃棄が出ることも知りました。社会は人口減少に向かいます。カット野菜をしっかりやれれば、安全・安心の面で評価を高めることができるようにも思いました」

１９９３年、正明は、広島市内に進出する。トラックは全車両を冷蔵車にし、工場には大型冷蔵設備も導入した。43歳の挑戦だった。もちろん、品質の高いカット野菜も武器だった。

「広島市西区に倉庫を借りて、社員３人とスタートです。これまで無借金経営でしたが、このときは大きな借り入れもしました」

同業者もいれば、ライバルもいる。しかも、

カット野菜

野菜は、肉や魚に比べると驚くほどの低単価である。

「まじめな商売をすれば、いずれ勝つ」

猛烈に働いた。朝は市場、昼は取引先をまわる。夜は、飲食店で酒を飲み、ホテルに泊まる。

「死ぬ気で飲んだ」

今でこそ笑い話になるが、あのときは真剣だった。自宅のある大竹市に帰る時間も惜しいほどに、走り続けた。

大竹市から広島市へ進出した際には、母校である修道高校の仲間が応援してくれた。愛校心の強い同級生が次なる仲間を呼ぶ。料理店で人を紹介してくれる。正明のスタイルは、安全面・衛生面にこだわったまじめな商売だ。ひとつの取引先が、次なるつながりを生み出していく。

今でも酒の席が好きである。正明の口癖は、「人生は、いかに良い人と出会えるかだと思うよ」だ。濃密な時間を全速力で駆け抜けた男には、人生の結論が見え始めている。

「しんどいときに、良い人に出会えるかどうか。出会いは財産。人とのつながりは財産です」

それに、正直なビジネスである。1996年夏、大阪府堺市で発生した集団下痢症（いわゆる「かいわれ大根」事件・大腸菌O157）のときには、自社商品に問題はなかったものの、売れ筋商品であるかいわれの集荷をすぐに止めた。これが、取引先の信頼につながった。

1998年には、50周年を迎え、広島市西区に広島本社を新築竣工した。2018年には、野菜の入荷から保管、出荷まで一連の作業を可能にする冷蔵設備も完成した。

## 社員の全力をマネジメントで受け止める

2015年、東京を離れた圭市が広島に帰ってきた。副社長として職場に目を配ると、そこには活気が満ちあふれていた。早朝からトラックが出発する、快活な挨拶が飛び交う。倉庫内では、社員たちがキビキビと動いている。日夜を問わずのハードワークで会社を発展させたトップの魂が浸透しているかのようだった。

ただ、ビジネス経験の豊富な圭市は、目の前の光景を冷静に考察してみた。

「業務を一生懸命やって素晴らしいと思いました。ただ、組織を運営する知見が十分ではないとも感じました。こんなに頑張っている人たちをどうマネジメントするか。知見を共有していけば、まだまだ伸びる会社だと思いました」

この業界は、肉体的にもハードである。社員はそれを承知で懸命に仕事に励む。しかし、経営サイドは違った視点が必要だ。少しでも改善の余地はないか考えを尽くす。

「人が楽しんでいるとき、人が寝ているときに仕事をすることもあります。朝早くから対応して、体も動かしながら、数字にも向き合う。そんな社員の姿に胸が熱くなったことも少なくありません。24時間の稼働になるため、夜に出社してくる人もいれば、早朝出社もあります。少しでも働きやすくならないものかと考えました」

各工程の担当者は、殺菌時間や作業内容などを記録する。野菜をカットする刃の状態は、目視と写真で確認する。倉庫内のオペレーションは改善を重ね、受注から商品の配置場所まで意味と狙いを明確にする。

加工室での作業風景

シフト管理にも、改良を重ねる。

「365日、24時間の体制ですからね。どうしても長時間労働の要素はあります。そこを、なんとか改善しようと心がけています」

有給も推奨する。育児休暇も勧める。すべてを解決する魔法はないが、働きやすさを追求する姿勢はいささかも緩めない。

「毎月のシフトをつくるとき、作成者が本当に細やかに声かけをしながら調整してくれています」

家庭は大丈夫ですか？

子どもの行事はありませんか？

介護は大丈夫ですか？

このシフトで大丈夫ですか？

働き方のシステムだけではない。血の通ったコミュニケーションで、活気ある職場を「持続可能」なものにしたいのである。顧客が大事なのは「一丁目一番地」だが、圭市は、その視線を従業員にも向ける。

「事実、取引先に喜んでもらわなければどうにもなりません。社長である父は、そこの意識については強烈なものがありました。一方で、私は、顧客の満足を従業員の満足にまでシンクロさせたいです。父は、とことん顧客を満足させてきました。そこは素晴らしいです。一方で、働く仲間たちのことへの意識も高めていきたいです」

時代背景もあるだろうが、それだけで済ませるわけにはいくまい。生産者良し、取引先良し、従業員良し。高度な「三方良し」に意欲を燃やす。なお、おおたけは、経済産業省が認定する健康経営優良法人２０２４（中小規模法人部門）に認められた。

## 社会の課題に真正面から向き合う

２０１９年、４代目の社長に就任すると、笹野圭市は自分たちの存在意義をあらためて整理してみた。

「生産者と実需者のバランスをとる仕事です。偏在の解消です。社会的な課題を解決する仕事だと思っています」

野菜は生鮮品である。例外もあろうが、とれたてが最も美味しいことに異論はあるまい。それでも、野菜をつくる人と野菜を必要とする人の間に、この会社が入る。その意義を、笹野は具体例を用いて説明を加える。

「例えば、ニンジンが毎日10本必要だとします。でも、いつも確実に10本とれるわけではありません。5本しかとれなければ、我々があと5本を調達してきます。15本のニンジンがとれたら、残った5本を我々が責任を持って売ってきます。我々がいることで、生産者は安心して仕事に励め、お客様も野菜が届かない心配をしなくて済むのです。そういう意味では誇りを持って仕事をしています」

農家も大事。飲食店も重要。両者の繁栄がなければ、この会社は存在できない。しかし、世の中の流れは厳しい。農家の減少である。「2050年、国内の農業人口が現状より8割も減る」。そんな新聞記事やテレビドキュメンタリーを筆者も目にしたことがある。

「我々も大変な危機感を持っています。実際、この10年でも農業生産者数は減っています。ただ、オランダなどを見ると、国土が大きなわけではありませんが、食料自給率は100%を超えています。農業生産のあり方や施策は考える余地もあるでしょうね」

このあたりは政治の仕事になってくるだろう。笹野も、そこに何かできるとは考えていない。だが、生産者のためにやれることはあると確信する。

「意思や意欲のある生産者とコミュニケーションをしっかりするようにしています。

ありがたいことに、うちは大手外食チェーンとの取引があります。こういう会社は、品質も含めポリシーが明確なことが多いです。産地を開拓して、大手外食チェーンに紹介し、良ければ指定してもらうようなこともしています。生産者が安定した利益を確保できるケースもあります」

そのためには、生産者を知っておくことが重要になる。中四国、信州、関東、仕入担当はもちろん、社長の笹野が足を運ぶことも珍しくない。用件だけなら電話やメールで十分かもしれないが、コミュニケーションそのものが大事なのだ。

「生産者の多くは、こだわりを持っています。我々は『今日30ケースとか来月は100ケース』とかオーダーしますが、生産者とすれば、今日は100ケース出荷するつもりかもしれないし、来月は30ケースのつもりをしているかもしれません。直接のコミュニケーションを欠かさないようにしています。生産者の思いを聞いて、要望にも耳を傾けます。良い関係をつくることで、苦しいときに助け合えるようにありたいです」

消費者の要求レベルも上がっている。「世の中は健康意識も高まり、より高い品質が求められます。仕入れた商品を右から左に届けるだけでは意味がありません。サプライチェーンはバリューチェーンであることが大事です。最大のバリューは、安全と衛生です。生産者が心を込めて作ったものを、とれたてに近い状態でお届けできるようにしたいです」

生産者から1円でも安く仕入れればいいというスタンスではない。お互いが力を合わせ、新鮮な野菜を届けることが最優先なのである。

## 新社長を迎えた最大の試練

社長就任2年目、大きなピンチが訪れる。２０２０年以降、新型コロナウイルスの感染が国内でも拡大したのである。ステイホーム。外出制限。飲食店の営業自粛。主な取引先が外食業界である。おおたけにとっては死活問題である。笹のマークのトラックも、駐車場で待機する時間が長くなっていた。

「生産者に１００の収穫があったとしても、市場で必要とされるのが10くらいのことがありました。（外食産業からの）発注はないのに、生産者は出荷をしてくれるのです。申し訳ない言い方ですが、『終わったかな』と思うこともありました」

売上高は、直近10年間の「6〜7割」にまで落ち込んだ。しかし、現場第一主義の同志たちは、志を曲げなかった。社員たちは、取引先の飲食店を訪ねてまわった。研究開発部は、市場調査を基に商品やメニュー開発のノウハウを蓄積していた。商事部は、海外の食材にもアンテナを張り、新しい食の発見に取り組んできた。社内で共有された知見を携え、飲食店オーナーや料理人との対話を続けた。

「飲食店がなければ、うちは成り立ちません。たとえ注文がゼロになっても、担当は連絡を絶やしませんでした」

いつか、こんなメニューをやってみればどうか。

こういう食材を扱ってみてはどうか。

テイクアウトのメニューに取り組んでみてはどうか。

「八百屋なりの知見です。アドバイスになったなら嬉しいです」

笹野は謙遜するが、あのコロナ禍において、なかなかできることではない。先の見えないトンネルにおいて相手の立場に立つ。

ピンチにおいても向き合い方は変わらなかった。70年を超える歴史で、プロ意識も職人のプライドも培っていた。若き新社長は、その心意気を言語化していた。本社内の壁に貼られた1枚の紙を笹野は指差した。

「6つの行動原則　1、誠実　2、敬愛　3、情熱　4、自立　5、創意工夫　6、笑顔。ここに到達できているかはわかりませんが、携わる人を尊重することだと思います。社会に何をなすべきかを考えて行動する会社でありたいです。英語が話せるとか、ファイナンスに理解があるとかも大事ですが、こういう意識を持って行動することがもっと大切だと思います」

目先の発注だけではない。コストとリターンの問題でもない。会社の志に沿って、社員たちは前を向いた。苦しいときも顧客に寄り添った時間は、強固な絆となっていった。

2024年、おおたけは同社史上最高の売上高を記録した。商品力だけでもなければ、マーケティング施策だけでもない。前向きに耐えた時間が、実を結んだのだ。

「いつか必ず復活できると思って、取引先にも声をかけさせてもらってきました。理屈じゃない積み重ねだと思います。お互いしんどいですが、頑張りましょう。うちも頑張ります。とにかく協力しながら未来を向いてコロナ禍を過ごしたことが大きな要素だと思います」

社長就任直後のピンチを乗り切った息子を、70歳代になった笹野正明（会長）は頼もしく見つめている。

「大学を出て大きな会社に勤めさせてもらって、経営のことを学んだのがいい財産だったと思いますね。うちの会社の社長のイメージは、『汗をかいて、叩き上げ』というものでした。今の社長は、頭脳で勝負ができています。理論的なものもあるから、説得力を感じます。汗をかく会長。頭脳の社長。バランスがとれてきました」

人生一代、企業は末代。バトンを渡すだけではない。リレーゾーンで、お互いが価値観を尊重しながら、確かなバトンパスを完了する。コロナ禍は、その手応えを実感するには十分すぎる時間であった。

## 広島の若者へ。広島に帰ってきた男から

一度は広島を離れた。現社長の圭市は、東京で順調なキャリアを重ねていた。テレビ制作の現場や大手企業の広告部門での仕事は刺激に満ちていた。駐在で中国・上海で過ごしたこともある。

一方で、広島を拠点とする会社は、父・正明が辣腕を振るっていた。行動力もあれば、人脈もある。

それでも、お互いの人生は交わることになる。父の病気。息子の責任感。孫は幼稚

園を卒園するタイミング。すべてが重なった。これを運命というのかもしれない。

「若いころは広島を出たくてしょうがないときもありました。いい町ですが、狭く感じてしまうこともありました。でも、今は思います。何かができないのを場所のせいにするのは間違いです。地域を理由に閉塞感を感じていてはいけません。戻ってきて思うのは、広島が一番いいですね。出張で各地に行きますが、広島がいいと感じます。昔から馴染みの仲間に会うのも心地よいです」

父・正明は77歳になった。相変わらず、仲間と料理店を訪ねては楽しい時間を過ごす。もちろん、頭の片隅には大事な自社の野菜のことがある。会合に出席するたびに、豪快な笑い声で人を惹きつける。

「どこに行っても、会長はお元気ですか？と聞かれます。友人も多く、仲間を大事にする人ですから。父は有名な笹野さん。私は無名な笹野さん。私にはない外に向けての光を放っていてほしいです。父の社交性で、より多くの人に会社が愛してもらえれば嬉しいです」

## 父と子と、末代への想い

会長になった正明は、経営に口を出すことを控えている。頼もしい社長の存在があるからだ。

「朝早く会社に行くと口を出したくなるから、ちょっと遅めに会社に行くようにしています。息子がしっかりやってくれていますし、頼もしい社員がいますから。現場に顔を出し過ぎないようにすると、今度は、数字からいろいろ見えるようにもなりました。でも、我慢です。ワシは、元気で楽しく大好きなカープを応援しながら過ごそうと思います」

会長室には、趣味であるカープグッズが陳列されている。社長交代後、そのコレクションは勢いよく増えている。一方で、かつて泊まり込みで働いたときの宿直ルームは寂しそうにベッドにはシワひとつないシーツがかけられている。

そして、社長の笹野圭市は、その重責を真正面から受け止める。

「親父も口を出したいでしょうに。よく我慢してくれていると思います。そこは感謝しています」

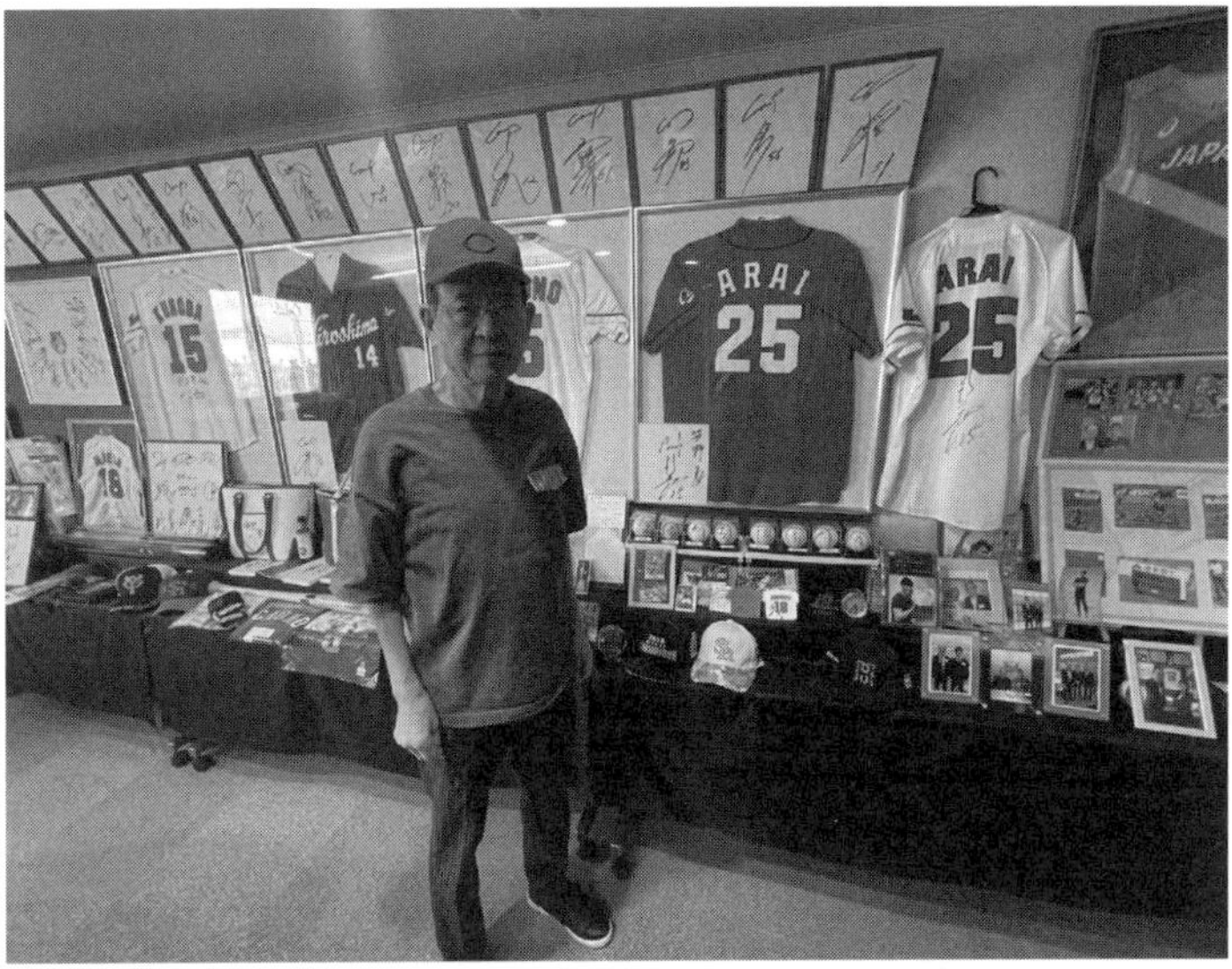

会長室には多くのカープグッズが…

豪快で人が大好きな名物経営者は、広島に帰ってきた息子にバトンを渡した。しかし、そのキャラクターは変わらない。

「孫よね。この会社を継いでくれたら嬉しいよね。でも、いろんな経験を積んでほしいです。そこから、いつか継いでくれたら嬉しいです。八百屋の仕事は厳しいけどね」

真顔で語る横顔を見て、あの言葉を思い出す。

人生一代、企業は末代。

## 会社概要

**会　社　名**：おおたけ株式会社
**設　　　立**：1949（昭和24）年8月
**代　表　者**：代表取締役社長　笹野圭市
**本社所在地**：〒733-0832 広島市西区草津港1-10-38
**広島カット野菜工場**：〒733-0832 広島市西区草津港1-10-38
**大 竹 本 社**：〒739-0603 大竹市西栄2-3-3
**大竹カット野菜工場**：〒739-0603 大竹市西栄2-3-3
**資　本　金**：4,000万円
**従業員数**：170名（正社員46名、準社員）
**事業内容**：・青果物、珍味類など業務用食品類の卸売
・カット野菜、フルーツの製造加工
・総合食品、雑貨類の卸小売り

## 沿革

| | |
|---|---|
| 1949年 | 大竹市元町において設立。主として青果物、漬物類の卸売および諸団体に対する納品を行う |
| 1954年 | 本店営業所を大竹市新町１丁目へ移転 |
| 1972年 | 本社社屋を大竹市西栄２丁目の社有地に建設移転 |
| 1974年 | 大竹市農協地方卸売市場開設に伴い、青果部を開設 |
| 1986年 | 本社社屋内に製造部を開設。寿司等の製造を開始 |
| 1988年 | カット野菜工場を西栄２丁目の本社隣接地に建設 |
| 1991年 | 炊飯センターを本社社屋内に開設し、自動炊飯設備の稼働を開始 |
| 1993年 | 広島市西区草津１丁目に広島営業所を開設 |
| 1994年 | カット野菜工場および調理加工工場の増設、設備の拡充を行う |
| 1995年 | 細菌検査室を製造部工場内に設置 |
| 1996年 | 代表取締役社長選任替え、笹野正明就任 |
| 1998年 | 成立50周年を機に「大竹食品納入株式会社」から「おおたけ株式会社：OHTAKE CORPORATION」社名を改称するとともに、広島市西区草津港１丁目に広島本社屋を新築竣工 |
| 2009年 | 資本金を4,000万円とする |
| 2012年 | 広島本社　冷蔵庫増設<br>大竹本社　炊飯センターをカット工場に改修 |
| 2015年 | 広島本社　冷蔵庫増設 |
| 2017年 | 広島本社　大型冷蔵倉庫新設 |
| 2019年 | 代表取締役社長選任替え、笹野圭市就任 |

# ヨーグルトも牛乳も
# つくらない!?
# 広島生まれの
# 「乳業ルネサンス」

**野村乳業株式会社**
乳酸菌飲料の製造・発売

地元広島を
元気に楽しく

代表取締役
**野村和弘**

×

**坂上俊次**

## 野村《のむら》 和弘《かずひろ》

AGE 57　PROFILE 1967年生まれ／広島市出身／AB型

明治大学農学部農芸化学科を卒業後、1990 年に野村乳業株式会社に入社し研究開発部、営業部、製造部、海外事業で経験を積む。研究開発部で数多くの商品開発に携わり、多数の失敗を経験して「マイ・フローラ」を生み出した。2022 年に社長就任。ものづくり日本大賞、文部科学大臣表彰、John M. Kinney 国際賞などの賞を受賞。

### 社長に聞く10の質問

**01 仕事をするときに心掛けていることはありますか？**

事前の準備や段取りを心掛けています。すべてのものごとは、事前の準備で成果の80%が決まると考えています

**02 今一番努力していることは何ですか？**

「お客様へのサービス向上」です。終わりはないですが…

**03 毎日必ずやっていることはありますか？**

マイ・フローラを飲むことです

**04 社長の強みと弱点を1つずつ教えてください。**

強みはチャレンジ精神が旺盛なこと。弱みは熱が入ると話がくどく、しつこくなること

**05 子どものときの夢は何ですか？**

「小学生で将来何になりたいのか」という問いに違和感をおぼえていたが、ないとは言えないので、野球選手や警察官とか言っていた

**06 最近感動したことや涙した出来事は？**

お客様からの心のこもったお手紙は心底感動します。歳のせいか涙腺が弱くなっているので、映画やドラマで涙することもよくあります

**07 今一番やりたいことは何ですか？**

ゆっくり海外旅行に行きたいです。北米やオーストラリアの自然観光地や世界遺産を巡ってみたいです

**08 好きな言葉はありますか？**

Do My Best

**09 好きな本は何ですか、またその理由は何ですか？**

本ではないのですが、サムエル・ウルマンの「青春」という詩が好きです。社内でも推奨しています。理由は、「もっと頑張れる」というやる気が出るからです

**10 明日が地球最後の日だったとしたら何をしますか？**

家族とすごします

## 乳製品を製造しない「乳業」メーカー

創業127年、牛乳やヨーグルトをつくってきた。パッケージを目にすると、スーパーや給食の風景を思い出す。現在の本社がある安芸郡府中町には、かつて牧場が広がっていた。野村牧場。40～50頭の乳牛を飼っていたという。

2022年に社長に就任した野村和弘は、その風景の記憶がない。

「1897年の創業時から牛を飼って、搾乳していたとは聞きます。しかし、牧場ではなくなり、この場所は自動車教習所になっていました。私もここで免許を取りましたから、そちらの方が記憶に残っています」

2000年代の事業転換で、牛乳やヨーグルトの製造をやめた。今の主力商品は「乳酸菌飲料　マイ・フローラ」である。一般的な乳酸菌飲料は、主に乳を動物乳酸菌で発酵させているが、マイ・フローラは野菜を植物乳酸菌で発酵させている。このあたりは、後ほど詳しく説明しよう。

「おなかを育てる」をコンセプトにした商品の実感力は、社会的な「腸活」の波にも乗った。そのファンは、国内外に広がっている。

もう、牧場はない。しかし、2023年には、三原市に「マイ・フローラ プラント」をオープンした。世界レベルの発酵技術を工場見学でき、自社運営の腸活カフェも併設する。建物の前には広大な芝生が広がり、健康を考えながらくつろぐことができる。

牧場こそ手放したが、再び、緑あふれるホームグラウンドを手にした。このV字回復の物語は、野村乳業の葛藤の歴史である。ただ、彼らはどんなときも、相手の目線に立ち、前を向き続けてきた。

野村乳業株式会社の売上の9割は国内だ。そのうち8割が、マイ・フローラを主体とした植物乳酸菌飲料が占めている。「乳製品をつくらないならば、社名変更は

野村牧場

考えなかったのか?」

こんな質問から、取材は始まっていった。

「一時期、考えたことはあります。乳業らしいこともやっていませんし、具体的な名前を頭に浮かべたこともあります。でも、昔、野村乳業の牛乳やヨーグルトを食べていたという声をお客様から聞くと、断ち切れませんね。それに、今のマイ・フローラがあるのは、乳業で培った技術があるからです。過去があって、今があります。社名を考えるとしても、このタイミングではない気がします。そういう接点を失いたくありません」

便秘など「おなか」に悩みを抱える人は少なくない。そんな人たちに、技術力で役に立つ。野村は厚さ10センチほどのファイルを広げた。そこには、愛用者からの声がビッシリと書き込まれていた。

「何をやっても、便秘・便通が良くなりませんでした。でも、マイ・フローラで人生が変わりました」

筆圧の強いボールペンを指差す野村の表情は、充実感に満ちていた。

先日は、山形県のご夫婦が工場見学にやってきた。「マイ・フローラに人生を助けられた」というメッセージを従業員に託してくれた。

「これが事業をやっていく意義ですね。こうやって喜んでもらえるから、この会社をやっていく意味があるのだと思いました」

どんな商品を扱うかではない。人や社会にどう役に立つかである。野村乳業が何を扱う会社なのか、見えてきた瞬間だった。

## 牛乳とヨーグルトの大ピンチ

野村乳業の牛乳は覚えている。広島市南区に生まれた野村は、地元の仁保小学校に通っていた。府中町やその他小学校の給食では野村乳業の牛乳が提供されていた。

「小学生ですからね。『牛乳屋』とか『ミルク』とか、クラスメートにもからかわれたものです。嫌な気持ちはなかったですが、何か反抗心みたいなものが芽生えることはありました。あまり牛乳は飲まなかったです。父は身長180センチほどありますが、私は167センチ。牛乳を飲まなかったせいもありますかね？」

ユーモアを交えながら振り返る幼少期だったが、家業は頭の中にはしっかりと刻まれていた。「意識していませんでした」というものの、明治大学農学部に進みバイオを研究している。1980年代、まだ「バイオ」の言葉が社会に定着していない時期だった。

就職活動のとき、先先代の社長・野村守男から声がかかり、野村和弘（現・社長）は広島に帰ってきた。まだバブル崩壊直前だ。野村乳業の牛乳やヨーグルトは、「つくれば売れる」時代だった。

1パック3個、100円。スーパーマーケットでの陳列を記憶している読者も少なくないだろう。

「まだまだいける。まだまだ伸びる」

「どんどんいける。どんどんつくろう」

ヨーグルトの生産ラインを増強した。高速ラインを導入した。1時間に1万5000個生産できるラインを2つにした。野村乳業は「1時間3万個」も生産可能となったのだ。

それが、1991年以降のバブル崩壊だ。

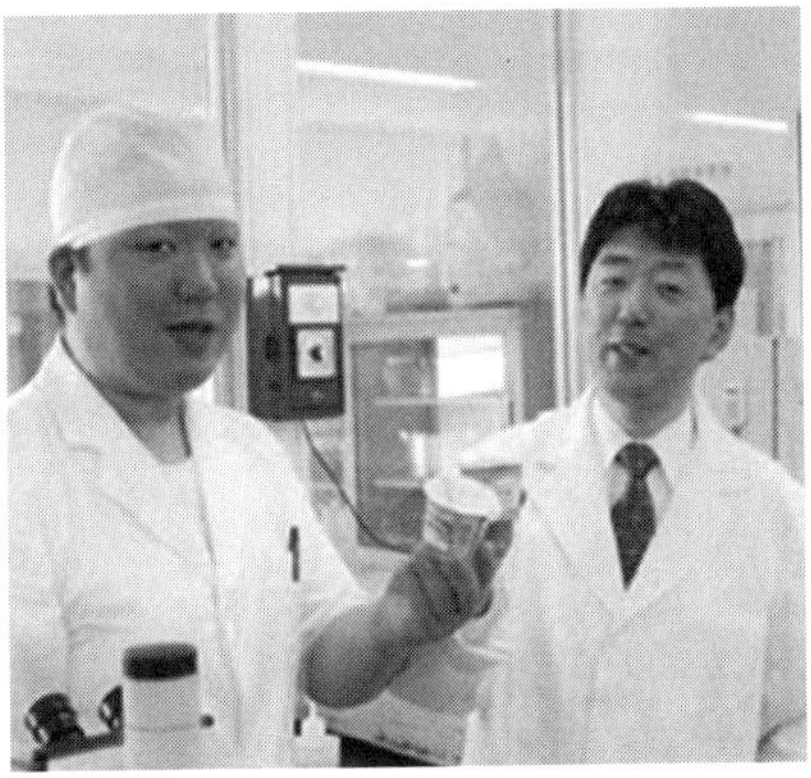

バイオ研究

受注は激減し、この生産ラインがフル回転することはなくなってしまった。

１９６４年には、牛乳の瓶装形態から紙容器に転換し、軽量化に成功、経営効率も高まった。１９７４年に発酵乳ヨーグルト増産のため、自社独自の冷・暖両用自動培養室が完成。10年あまりで16号基にまで至った。１９８２年には、日本初のプリンヨーグルトの開発で、全国的な知名度も高まる。１９８７年が、年間売上13億円で乳業最盛期を迎えた。

しかし、１９９０年代のバブル崩壊。２０００年代は、厳しい価格競争にさらされた。

「原材料の取り合い、お客様の奪い合いです。原材料は高いが、価格は下げられない。こうなると薄利多売です。付加価値をつけた商品を展開しようとしても、市場がそれを受け入れてくれません」

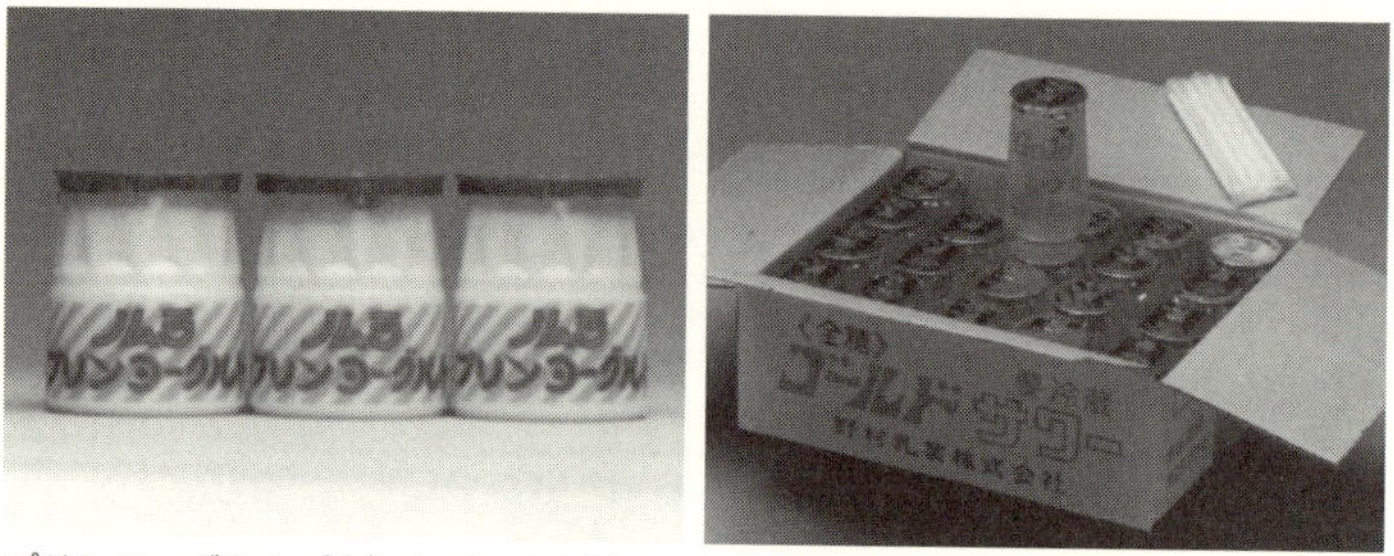

プリンヨーグルト（左）とゴールドサワー

カップの形を変えてみる。商品力に工夫を持たせる。さまざまなトライをしたが「1パック100円」のイメージは拭えなかった。これまでの顧客の認識を変えることはできず、薄利多売のレッドオーシャンに飛び込むしか選択肢がなかったのだ。

国は過剰な競争を抑制しようとしていた。工場の統合に伴う新増設や工場の廃止に要する費用への補助を行ったのだ。いわゆる、乳業再編である。

2011年、業績も伸び悩む野村乳業は、牛乳・ヨーグルトの製造を完全にやめた。負債も抱え、かつて約50人程度いた従業員は4人になった。

「そのうち2人は、私と今の会長ですからね。社員をほかの会社に受け入れてもらうケースもあれば、定年退職を待つこともありました。いずれにせよ、こんなに悲しいことはありません」

## 大逆転のチャンスメーク

牛乳・ヨーグルトの製造を完全にやめるには、7年を要した。野村乳業は、統合もしなければ吸収もされない。独自の事業転換の道を歩むことになったのだ。この段階になると、国や金融機関も入ってくる。

「牛乳やヨーグルトもなければ、次の商品の見通しもありません。基本的には『整理』の流れでした。しかし、専門家も交えての議論の末、この会社をなくすには『もったいない』ということになったのです」

牛乳もヨーグルトもない。次代の商品もない。従業員は4人。この会社を「なくすにはもったいない」と言わしめたものは何だったのか?

答えは、2000年代の厳しい時代に、試行錯誤を重ねていた商品たちにあった。2003年、野村乳業は広島大学と共同研究を開始していた。翌2004年には、世界初となる「植物乳酸菌100パーセントで発酵させた固形ヨーグルト」の開発に成功していたのだ。

「当時、植物乳酸菌から生まれたヨーグルトという商品名で販売しました。改良も重ねましたが、会社の低迷を変えることはできませんでした」

ただ、この技術が、事業再編において野村乳業を生き残らせるという判断の決め手になったのだ。野村の表情が、研究者のものになった。

「ヨーグルトは動物乳酸菌です。一方で、漬物やキムチなどが植物乳酸菌です。植物乳酸菌は、動物乳酸菌に比べ3倍以上の生命力があるという説もあります。胃液や胆汁で死滅せず、しっかり腸まで届くのが強みです」

バブル崩壊、価格競争。商品の差別化も成功にはつながらなかった。そんな苦しいときも、野村は立ち止まっていなかった。

「なかなか乳業で差別化ができなかったので、いつか植物乳酸菌をやりたいと思って取り組んでいました。他社と差別化しないと生き残ることはできないという意識はありました」

しかし、これまでの会社のイメージとはかけ離れている。従来の牛乳やヨーグルトの延長線上にはない答えだった。

「お客様が何を求めているのか徹底的に考えました。ヨーグルトはデザートのために召し上がっているのか。いや、それより健康のためという人が多いと思います。これまでヨーグルトの美味しさも追究してきました。それより、機能性や効果が求められていると感じてきました。すなわち、生きて腸まで届く乳酸菌の量がお客様の満足につながると考えたのです」

思えば、これが起死回生の種だった。植物乳酸菌で発酵させたヨーグルトをつくったとき、韓国の大手メーカーから問い合わせが入ったのだ。日本の商品や技術は海外

海外からの視察（2007年3月）

からも注目されている。例に漏れず、韓国のメーカーも野村乳業の技術をチェックしていた。

「7～8人の社員さんが視察にこられました。そこから共同の取り組みがスタートしたのです。地方の小さな会社にアジアの大手が注目してくれるとは驚きです。そこで話が進み、うちにある植物乳酸菌の特殊な増殖剤を、韓国の大手メーカーに販売させてもらうことになりました」

（余談だが、この視察団の一人が現在の大手メーカーの社長になっている。出会いとはわからないものである）

事業再編のフェーズになると、国や金融機関が入っている。そのとき、会社を整理するのでなく再構築に舵を切らせることになった最大の要因が、この技術だった。

これは自社製品にも反映された。２０１１年、現在のヒット商品「マイ・フローラ」の前身となる「飲む、植物乳酸菌」の販売が開始となった。ここから野村乳業の反撃が始まるはずだった。

### 電話帳大作戦

「飲む、植物乳酸菌」はヒットしなかった。商品に自信はあったが、販売にはつながらなかった。

「スーパーマーケットのバイヤーまでは高い評価をしてもらい、店頭にも並べてもらいました。ただ、それが売れなかったんです。商品の特徴がお客様に伝わらず、手にとってもらうことができませんでした」

牛乳も、ヨーグルトもない。社員は４人しかいない。それでも、後に引くことは許されない。野村に選択肢はなかったのだ。

ものづくりも大事。商品を伝えることも大事。「飲む、植物乳酸菌」の強みは、機能や効果だったが、メディアで大々的に謳うことはできない。そこで、野村は、通販や宅配に力を入れることにした。なるべく、お客様に情報やメッセージが届くチャネルを活用したいと考えたのだった。宅配業者なら、お客様に直接、商品を伝えることもできる。なんとか、自分たちの商品をわかってもらうチャンスがほしかった。

といっても、宅配業者に太いコネクションがあるわけでもない。野村は、図書館に駆け込んで電話帳をめくり続けた。

「まだインターネットが十分に普及していない時代でした。図書館で全国の電話帳を集め、牛乳などの販売店をリストアップしました。すべてにアプローチする余裕はありませんでしたから、広告のある販売店や太字になっている販売店に電話をしました」

販売店に電話をする。商品や会社について熱く語る。そして、実際に会ってもらう約束をする。その人に「飲む、植物乳酸菌」の良さを話し、理解者になってもらうのだ。

「結局、一番大事なのは人です。人との出会いに助けられてきました。この会社に入ってさまざまなことをやってきましたが、共通項は人です。広島大学との共同研究から商品が誕生したわけですが、これも人が関わっています。事業の再構築も、海外への展開も、人に助けられてのことです。企業って、人だと思います。タイミングはありますが、雑談レベルから始まることが多いです。人と話して、丁寧に対応していくことからチャンスは生まれます。きっとチャンスは平等にあるはずだと思います」

2013年に大手通販会社での販売がスタート。これは、野村乳業の商品力が認められたことの証左である。しかし、それでもマーケットではなかなか売れ行きが伸びない。

野村は、さらに思い切った挑戦に打って出た。商品のリブランディングである。

## 「マイ・フローラ」誕生

「飲む、植物乳酸菌」の商品力を実感している人が、社外にいた。当時、通販会社に勤務していた山川千秋である。幼少期から「おなか」に不安を抱え、病院に通うこともあった。原因は、腸内環境、ストレス、食生活の乱れ、さまざまに考えられる。

通販の仕事を通じて、野村乳業の商品と出合った。多くのメディアでも語られることではあるが、通販業界で紹介する商品の選定基準は厳しい。

「野村乳業の商品は、菌量が多くて、菌も強かったです。第三者機関での確認も行いましたが、やはり、その通りの商品でした。お客様の声も素晴らしくて、リピート率も高かったです。私も愛飲し、おなかの不安が解消されました。これだけ世の中の役に立っている商品はなかなかないと感じていました」

まだ「マイ・フローラ」というネーミングではなかった。山川も自信の商品ではあったが、まだ爆発的ヒットには程遠い状況だった。

さて、山川だ。この商品に惚れ込み、2016年、なんと野村乳業に入社したのであった。

「企画営業部マネージャー」とはいうものの、メンバーは彼一人だった。

「売り方も魅力もわかっているつもりでしたが、ECサイトで販売しても売れません。店舗でも売れません。そんな状態が、2年ほど続きました」

まだ、「野村乳業＝牛乳・ヨーグルト」のイメージが残っていた。違う。社運を賭けた、超本気の商品なのである。その熱とスペックを伝えたかった。

「いろんな商品の中のひとつ。違います。野村

マイ・フローラ

乳業は、本気で腸活をやっているのです。もう、牛乳もヨーグルトもつくっていません。うちが背水の陣で、自信を持って送り出す商品です。そんなメッセージを伝えたかったんです」

勝負だ。会社のロゴも、イメージ戦略も、社内のルールも、すべてを変えた。そして、商品名だ。「マイ・フローラ」。直訳すれば、私のお花畑。一人ひとり違う腸内フローラをケアしてほしいという思いを込めた。

ここから、快進撃が始まった。２０１９年には、中国地域ニュービジネス大賞と中国経済産業局長賞を受賞した。

商品力は伝わり、定期購入も増え、スーパーの棚に並ぶ機会も増えた。

山川が惚れ込んだのは、経営者としての野村だけではない。研究者としての野村にも敬意を払う。

「世界的に見ても凄いスペックの商品です。これをつくったのが、現・社長の野村です。研究者・開発者としての野村です。商品がないと、マーケティングもブランディングもありません。商品力あってこそ。マーケティングの仕事をやらせてもらいながら、そんなことを再確認しています」

## 夢の「マイ・フローラ プラント」オープン。そして未来へ

2023年8月、広島県三原市に新工場マイ・フローラ プラントがオープンした。といっても、ただの工場ではない。1階には自社運営の腸活カフェをオープン。工場の見学も可能だ。建物の前には、広大な芝生広場も設けた。

12月には、プロ野球・広島カープの一岡竜司投手（同年10月引退）や塹江敦哉投手をゲストに、イベントも開催した。ここにも、野村乳業のこだわりがある。ゲスト選手らは、かつてからマイ・フローラを愛飲するアスリートだったこと。企画・運営も

新工場マイ・フローラ プラント前で「植物乳酸菌」ポーズの社員のみなさん

自社の社員で担ったこと。観客の誘導も社員が担った。当然、プロのイベント業者ではなく、さまざまなハプニングは生じる。しかし、そこでお客様と社員の会話が生まれていったことも事実だ。ユーザーとのリアルな接点を持つことで、社内の意識は高まっていく。そんな光景に、社長の野村は目を細める。

「2023年は、新工場も建設でき、分岐点になりました。社内でも人材が揃ってきました。うちの会社はなぜ必要なのか？　そんな意識も高まったように思います」

イベントを担当したマーケティング部の塹江咲紀は、あの1日を、振り返る。

「朝5時から並んでくれたお客様もいましたが、待ち時間にたくさんお話ができました。カープの話、マイ・フローラの話、腸活の話もありました。自分たちでやったイベントで至らないところもありましたが、アットホームで、お客様と近い距離で接することができました。人と濃くつながる。こういったことが、会社につながっていくと思います。こういう接点が大事なのだと思わされました」

こんな経験はなかった。野村の若き日は、製造したヨーグルトや牛乳を出荷するまでが業務の大半だった。

「私たちが耳にするのは、お叱りの声が多かったです。ヨーグルトのフタが開けにくい。流通の過程で、ヨーグルトの表面が崩れている。ヨーグルトの表面に、水分が浮いているというのもありました。あれは、ホエイといって栄養価も高いのですが、それさえもお叱りの声につながっていました」

野村は、その声の相手に手紙を書いたこともある。直接、自宅を訪問して説明をしたこともある。誠心誠意の対応はしたが、状況は劇的に変わるものではない。

「お客様の満足のラインを超えるか、超えないかだと思います。お客様は、『おいしさ』などの目的を持ってヨーグルトを購入してくださいます。そこを満たすことができなければ、いろいろな角度から不満は出てくるものだと感じました」

それが、商品の情報を細やかに発信し、顧客とのタッチポイントを設けたことで、状況は一変する。もちろん、大前提は商品への満足度である。

「今は、お客様からお褒めいただくことが増えました。『マイ・フローラで人生が変わった』『何をやっても良くならなかった便通が改善された』。喜びの声、感謝の声、感激の声、本当に嬉しいです」

商品に対して妥協なく向き合ってきた。しかし、従業員には伸び伸びと躍動してほしい気持ちもある。

「『会社のために』、従業員がよく口にすると思います。でも、会社のためでなく『自分のために』働いてほしいです。自分の目標を達成する手段として会社を活用してくれて構いません。個人が成長すれば、会社も良くなります。個人を磨くことです。そして、お客様の喜びや感動です。この両輪があって、事業として意味を成すと考えて

カフェでのイベントの様子

います。ある意味、ここ1〜2年で、ようやくそこに注力できる会社になってきました」

どん底の時代を乗り越えて、見えてきた景色である。主語は、会社ではない。お客様であり、従業員なのだ。そのためには、どれだけ会社のカタチは変わっても構わない。

「主原料が、ミルクから、野菜になりました。でも、根幹はミルクの時代に培った技術です。ヨーグルトをつくってきたことを応用して、今の商品があります。創業の牛乳やヨーグルトはやめました。でも『やめて良かった』と言えるようでありたいです」

## 未来に挑む、若者へ

社会環境の変化を真正面から受け止めてきた。消費者のニーズの変化、業界をとりまく環境、日本経済の影響…懸命に汗を流していてもピンチはやってくる。そんな局面を乗り切ったからこそ、思うことがある。

「地元とかにこだわる必要はないのかもしれません。もっとグローバルに物事を見てもいいのかもしれません。今、海外企業との仕事もありますが、他国の若者はすごく貪欲で、チャンスがあれば外に出てチャレンジする傾向を感じます。確かに、日本は住みやすいです。広島は、自然も環境も豊かです。いろんな企業もあります。でも、こだわる必要はないと思います」

国内、国外。県内、県外。そういう問題ではない。野村は、もっと本質的なところを考えている。

「我々のきっかけは、人との出会いです。あの苦しいときに、海外のメーカーと取り組みをやっていたことが、マイ・フローラにつながっています。そうでないと、あのままヨーグルトをつくりながら終わっていたでしょう」

境界線を引く必要はない。国、地域、業種、業態。大事なのは、「何をチャレンジするか」「誰に出会うか」なのである。

牛乳とヨーグルトをやめた乳業メーカーのトップの言葉だけに、説得力がある。

## 会社概要

| | |
|---|---|
| 会社名 | 野村乳業株式会社 |
| 創立 | 1897（明治30）年4月 |
| 代表者 | 代表取締役　野村和弘 |
| 本社所在地 | 〒735-0008 広島県安芸郡府中町鶴江2-12-27 |
| マイ・フローラ プラント | 〒729-0416 広島県三原市本郷町善入寺字用倉山10064-200 |
| 資本金 | 1,000万円 |
| 従業員数 | 29名 |
| 事業内容 | 乳酸菌飲料の製造・発売 |

## 沿革

1897年　広島県府中町で創業。酪農業を開始
「おなかを育てる」をコンセプトに事業を展開する乳酸菌発酵専門メーカー。かつては一般的な乳業メーカー同様、牛乳・ヨーグルト・プリンなどの乳製品を中心に幅広く商品を製造

1964年　「学校給食牛乳の指定工場」に設定され、地元の人に愛される、野村牛乳・ヨーグルトなどの商品を多数展開

1968年　“ゴールドサワー”（カップタイプ飲料）が先進的商品として大ヒット！

1982年　日本初の”プリンヨーグルト”が全国的に大ヒット！

1987年　年間売上13億円を達成！

2000年　乳業低迷期。価格競争により「事業をたたむか、経営方針を転換するか」大きな決断をしなければならない窮地に追い込まれていく

2003年　国立大学法人 広島大学と共同研究を開始。世界的にも珍しい「植物乳酸菌100％で発酵させた固形ヨーグルト」の開発に成功

2009年　「発酵飲料及びその製造法」として広島大学と共同で特許を取得

2011年　「菌を“飲む”」飲料タイプへ形を変えた商品「飲む、植物乳酸菌」が誕生
牛乳・ヨーグルトなど乳製品の製造をすべて終了

2019年　看板商品の「マイ・フローラ」ブランド誕生。中国地域ニュービジネス大賞受賞

2020年　「第8回ものづくり日本大賞 中国経済産業局長賞【製品・技術開発部門】」受賞

2021年　ザ・広島ブランド認定

2023年　新工場「マイ・フローラプラント」（広島県三原市）OPEN！

2024年　「はばたく中小企業・小規模事業者300社」（海外展開部門）選定

# 部活のような会社に！
# 人にこだわる社長の
# シン「人本主義」

**島屋グループ**

島屋・ランドハウス・メタルシマヤ

地元広島を
元気に楽しく

代表取締役
**吉貴隆人**

×

**坂上俊次**

## 吉貴《よしき》 隆人《たかと》

AGE 48　PROFILE 1976年生まれ／広島出身／ A型

広島大学附属高等学校、慶應義塾大学法学部法律学科卒業。松下電工（株）を経て、日本鐵板（株）出向、2005 年から島屋に入社。2010 年 1 月、代表取締役に就任。

### 社長に聞く10の質問

**01 仕事をするときに心掛けていることはありますか？**

平常心

**02 今一番努力していることは何ですか？**

社員教育

**03 毎日必ずやっていることはありますか？**

体重測定

**04 社長の強みと弱点を１つずつ教えてください。**

強み　冷静さ、弱み　トツフリ

**05 子どものときの夢は何ですか？**

タクシードライバー

**06 最近感動したことや涙した出来事は？**

社内結婚

**07 今一番やりたいことは何ですか？**

デロリアン組立

**08 好きな言葉はありますか？**

飲食は人をゆるませる

**09 好きな本は何ですか、またその理由は何ですか？**

『テロリストのパラソル』（藤原伊織）
ハードボイルドへのあこがれ

**10 明日が地球最後の日だったとしたら何をしますか？**

ビールとお好み焼きを楽しむ

## 部活のような会社に！人にこだわる社長のシン「人本主義」

島屋グループ　吉貴隆人

### 真新しいヘルメットと汗のしみ込んだユニフォーム

創業70年を超える建材商社には、さまざまな部活がある。野球部、サッカー部、ゴルフ部、さらには麻雀同好会だ。

「野球部やサッカー部は、試合会場へ応援に行くだけです。でもゴルフ部や麻雀同好会には参加しています」

実際、取材日直前にあったゴルフ部のコンペでは、吉貴隆人社長が優勝している。社員と一緒に喜怒哀楽を共にする。全力でプレーもすれば、悔しがりもする。仲間の応援に声を張り上げることもある。

ここに、株式会社島屋の元気の源がある。グループ全体の売上高は１１７億円を超えた（２０２４年６月決算時）。さらに嬉しいのが、この春、12人の新入社員を迎えたことである。

屋根材・壁材のプロもいる。営業のプロも、現場の職人もいる。社長である吉貴の関心のベクトルは「人」に向いている。

「若い社員も増えてきました。部活みたいな雰囲気の会社にしたいです。同じ目標に

向かって頑張る。部署を越えての仲間。そんな組織を目指しています。部活動は広島が中心になりますが、下関市から野球の練習に来る仲間もいれば、山口県周南市からサッカーの練習にやってくる人もいます」

社長室には売上高のグラフが掲示されている。社長就任から15年、苦しい時期も乗り越えて、胸を張りたくなるようなV字回復が描かれている。しかし、吉貴は、その曲線よりも、社長室の壁にかけられた野球やサッカーのユニフォームに目を細める。

仕事ではない場面で見る社員の姿は面白い。仕事で声の小さな人が、グラウンドでは大きな声を張り上げている。サッカーでは、絶妙なコースに素晴らしいパスを通す人がいる。

「おい、凄い視野だな。あんなパスを出せるなら仕事でもいいパスが出せるでしょ」

社員たちの喜怒哀楽は、職場での最高の潤滑油になる。

## 部活のような会社に！ 人にこだわる社長のシン「人本主義」

島屋グループ　吉貴隆人

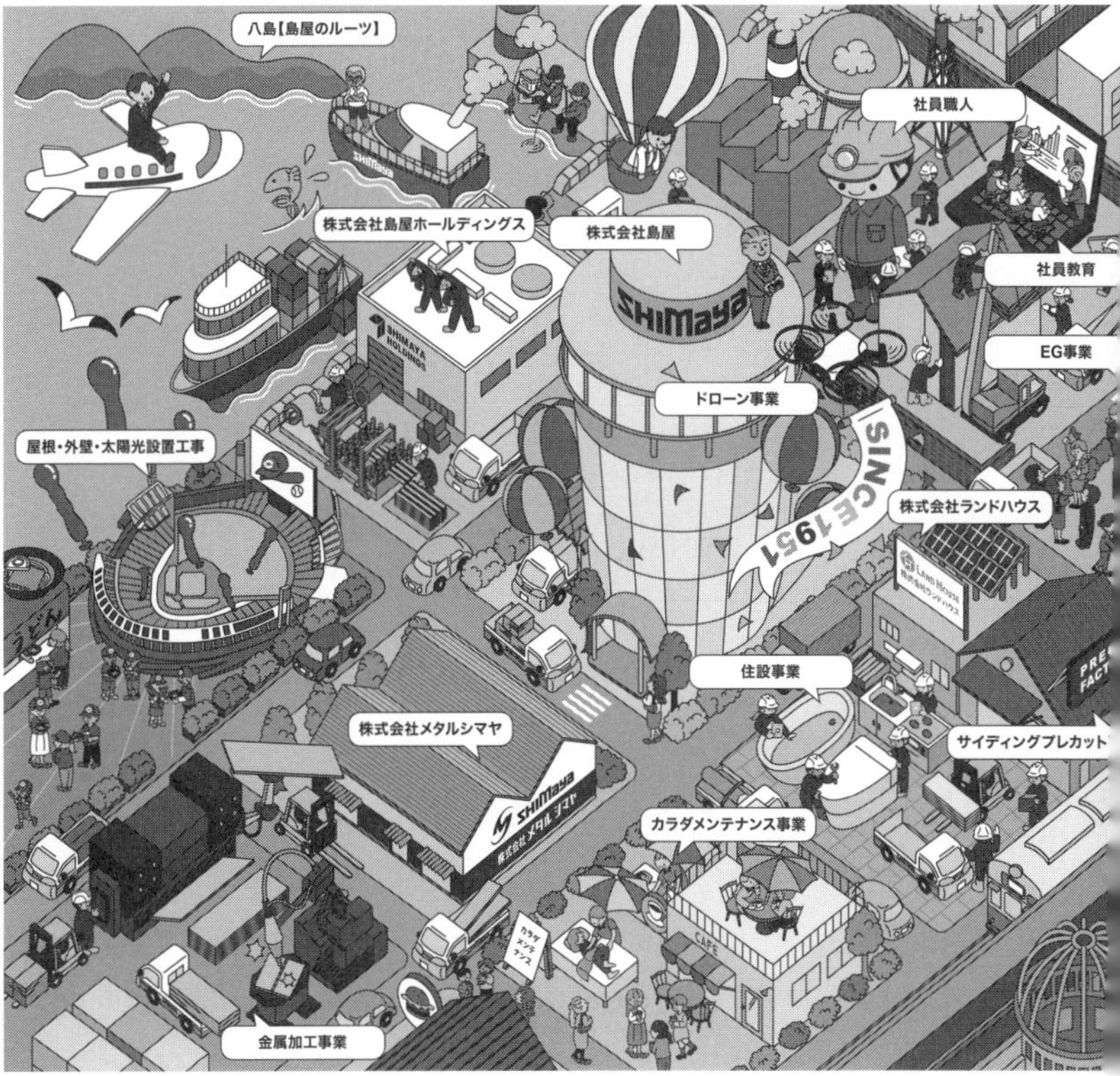


島屋グループ事業

「何を売るかも大事ですが、誰と売るかも重要です。嫌いな人と仕事をしても、長く続きません。仕事には、つらいことやしんどいことがあります。そんなとき、好きな仲間とやっていれば長く続けられると思います。頑張ることができると思います。そういう人に会社に入ってきてほしいです」

## 小さくてもいい。結婚披露宴をやりなさい

この春、社員の結婚式に招待された。新郎新婦共に、島屋グループで働く社員である。組織のトップとして、これが最も幸せな瞬間だという。

「結婚式は嬉しいですね。特に、社内結婚です。社員が幸せになる瞬間を目の当たりにでき、それが2倍です。披露宴に招待されると、新郎側にも新婦側にも島屋グループの仲間がいます。この光景は嬉しくてたまりません。入社当時から知っている人が成長して、夫になり、妻になり。父になり、母になり。こんなに素晴らしいことはないと思っています。披露宴では、社員たちの普段は見られないような姿を見ることもできます。それに、新郎新婦の歩んできた人生について話もきけます。そこに発見もあって、最高の時間です」

スピーチでは、必ず話すことがある。

「ありがとうの気持ちを伝えてください。結婚式は、『おめでとう』を人生で一番多く言われる日かもしれない。でも、『ありがとう』を一番多く返す日、感謝を伝える場だと言っています」

だから、小さくてもいいから結婚式を開くように勧めている。自分を招待する必要もない。家族だけでもいい。感謝を伝える場を設けてほしいのだ。

「結婚式をしないと、賞与は支給しませんよ。僕を招待しなくても構わないですから」

どこまで明確なルールがあるのかは定かではない。むしろ、ユーモアの要素が強いように感じた。

「でも、みんな結婚式の写真を持って、報告に来てくれます。それだけでも、嬉しいものです。賞与ですか？　もちろん、ちゃんとお支払いします」

年月は要した。しかし、こんなに風通しの良い雰囲気の会社になった。喜怒哀楽を共にする。冗談も言えれば、叱咤の言葉も受け入れられる。

１９５１年の創業だ。幾多の苦難もあった。そして、それを乗り越えた。当然、また苦難はやってくるだろう。しかし、一緒に乗り越えられる仲間は揃った。

## マツダスタジアムの屋根からの風景

1951年、初代社長の吉貴吉男が金物商「嶋屋商会」をおこしたのが島屋の原点である。そこから金属製品を扱い、屋根や外壁を手がけるようになった。住宅や事業所。岩国錦帯橋空港にひろしま美術館。さらに、マツダスタジアムの屋根や太陽光を担当している。

「島屋の売上の8割は、屋根と壁です。かつては、自動車の天井部分に用いる材料を仕入れて納めていました。しかし、車の進化とともに、その需要はなくなっていきました」

工事中のマツダスタジアムを訪ねた。吉貴はヘルメットをかぶり、スタジアムの屋根を視察した。足場から屋根に移るとき、足が震えた。しかし、怖さは一瞬だった。目の前に広がる社員の仕事ぶりに胸が震えた。

「感動しましたね。こういった街のシンボルのような施設に携わることができて、本当にありがたいことだと思います」

図面を受け取る。見積もりをする。商品を選定する。ものを作り、現場に運ぶ。施工にも技術が必要だ。あらゆる場面に、社員が携わっている。

人を大事にし、人が活躍する会社。平均年齢は39・0歳、20歳代と30歳代が、社員の半数以上を占める。離職率も極めて低い。

「やめたくない会社を目指していますから」

そんな彼は、なにも最初から経営者を目指していたわけではなかった。

## 判断基準は「それってダサくない？」

ここまでの文章からすると、吉貴のイメージは、学級委員長的でキャプテン的で、いつも人の輪の中で笑っているイメージかもしれない。しかし、実は、コツコツ積み上げる作業が好きで、浮ついたことは嫌い。むしろ、職人的な要素が強い。「経営者でなければ、どんな職業をやってみたかった？」という質問には即答だった。

「僕は、靴磨きの職人になりたかったですね。あの黙々と磨く時間が好きで、この前は、気がつけば19足の靴をピカピカにしていました」

趣味は多く、こだわりは強め。餃子だって、豚足だって、お好み焼きだって、確固たるお勧めの店に通い詰める。

1976年、吉貴は広島市に生まれた。父は、島屋の2代目社長・吉貴康二である。

「父が経営者というのは、小学生の頃から認識していました。将来は社長と周囲に言われることも多かったですし、そうなることは自然な流れと思っていました」

広島大学附属高校に進むと、周囲には「医師になりたい」など明確な目標をもった友人が多かった。一方で、吉貴だ。

「1年生のとき、授業に興味が持てなくて数学が嫌いになりました。2年生のときには、古文が嫌いになってしまいました…」

気がつけば、熱心に勉強したのは、日本史と英語の2科目だけになっていた。

「なんとか、この2科目で受験できる大学を探しました。見つかったのは2校だけでした。そのうちのひとつである慶應大学に出願です。この勉強をしたいから○○学部。そんなものは全くありません。ひたすら2科目で受験できるところを受けました。とにかく大学に入ることができればいい。そんな学生でした」

社長に一直線だったわけではない。かといって、ほかの夢もなかった。

「敷かれたレールの上を走るのは嫌だという気持ちがありました。でも、何かを変える勇気もありませんでした」

運命から逃げてはいなかった。ただ、運命を避けていたかもしれない。そんな吉貴の人生を変えたのが姉の言葉だった。

「せっかく家が事業をやってチャンスがあるのに、挑戦しないとかダサくない？」

吉貴は、松下電工で3年間働くことになるが、「島屋を継ぐ」と胸は決まっていた。同時に、「ダサいことはやらない」という判断基準も芽生えた。

## 社長就任は突然に

２００９年、経理部長に電話が入った。

「ある取引先が民事再生を申請したようだ」

すぐ取引先に電話をしたが、つながらない。後日、社長が謝罪にやってきたが、頭を下げるばかりである。

リーマンショックの直後だった。島屋にとっても、その影響は小さくなかった。そこに、不良債権である。最悪のシナリオである「連鎖倒産」も考えられた。

「当時の僕にだって、やばい展開だということはわかりました。でも、会社のことでわかっていない部分もあって、ソワソワするばかりでした。当時の社長である父は、取引先にも周囲にも怒っていました」

金融機関の融資もあり、最悪の事態こそ免れたが、会社の雰囲気は悪かった。

「当時は専務だったのですが、会社に行きたくないくらい雰囲気が悪かったです。ただ、そんな状況でも会社に残ってくれた社員への感謝の気持ちはありました。むしろ、社員さえいれば、立ち直ることもできるし、明るい未来の可能性だって考えられます。そのためには、社員が楽しく人生を謳歌できる会社にしないといけないと思いました」

なんとかしないといけない。

やり方を大きく変えるしかない。

そのためには、トップを変えるしかない。

33歳の吉貴は、社長である父にストレートに切り出した。

「僕が会社をやるか。あなたがやるか。オレがクビか、あなたがクビか」

しばらくの沈黙ののち、父は覚悟を決めた。

「わかった」

社長交代が決まった瞬間だった。

しかし、これはお家騒動の類ではない。究極の場面における、勝利のための継投だっ

社長交代当時。右は２代目社長の吉貴康二

たのである。実際、吉貴は、当時のことを冷や汗もので振り返る。

「僕が息子にこんなことを言われたら激怒しますよ。そうですよね。理解した父は、器が大きいと思います。そこは、感謝もしていますし、尊敬しています」

魔法のような再建プランがあったわけではない。しかし、変化の必要性だけは痛感していた。

「人が変われば、やり方も変わります。つぶれる寸前の状態です。どんなことでもチャレンジすれば、改善につながると信じていました」

まずは、「行きたくない雰囲気」の会社を明るくしたかった。挨拶ひとつでも、会話ひとつでも、会社は変えられる。

「だって、そんな状況でお客様に良いサービスは提供できないでしょ。自分たちが良い心の状態であってこそ、お客様を喜ばせられると考えていました」

堅苦しい早朝の役職者会議は改善させた。長文の経営理念は、覚えやすいよう項目をしぼった。自分から社員に声をかけるようにした。少しずつ、空気から変えていこうとした。

同時に、若き経営者はアンテナを外部に張り、学び始めるようになった。

## わかりあえなかった人と、わかりあう

藁にもすがる思いだった。33歳にして社長になった吉貴は、学びに打開の糸口を見出そうとした。ファイナンス、マーケティング、ガバナンス…経営者として学ぶべきことは、あまりにも多い。

ある研修会で気づいた。それは、トップとして大事なことは、テクニカルなことばかりではないということだった。

「研修などの内容は、ほぼ社長としての『あり方』についてのものでした。社長の『やり方』ではありません。人としての『あり方』ともいえます。それに、成功を収めている先輩たちは、とにかく変化を続けていました」

興味を持ったのが、社員それぞれのプロファイルである。社員の思考特性や行動特性を科学的に分析するものだった。社員に100項目の質問をして、そこから思考や

行動の特性をデータ化するのである。

「分析型」「構造型」「社交型」「コンセプト型」。といっても4分類ではない。その割合を円グラフでフィードバックするものだ。

筆者もこの研修を受けてみたが、これによって人に優劣をつけるものではない。お互いの違いを認識して、その前提に立って「わかりあう」のが目指す方向性である。

吉貴は、このセミナーに、ある管理職とともに参加してみた。

「そのとき、わかりあうことができない部長に声をかけてみました。当時の彼は、曖昧でざっくりしたタイプでした。でも行動力はありました。逆に、私は、「いつ」「どうやって」というところが気になるタイプです。例えば、新しい設備の導入です。似たような機械の比較で、値段や性能がどう違うのか細かく質問すると、その部長は嫌がるところがありました」

しかし、セミナーを受けて、変わった。お互いの特性や特質が違うだけなのだ。

「そこから、彼には、大きなゴールと期限だけを設けて、あとは任せるようにしました。すると、彼は大いに会社のために力を発揮してくれるようになりました」

現在、島屋では、社員全員のプロファイルを共有している。もちろん個人情報は厳守されているが、これをもとにチームビルディングやコミュニケーションが進んでいる。

「まだこれを理解している社員は多くはないかもしれません。とにかく、お互いがわかりあうことです。そうすれば、職場で腹が立つことも少なくなるでしょう。もちろん、プロファイルだけですべてが解決するとは思っていません。日頃のコミュニケーションも含めて、やっていければいいですね」

部活動、飲み会、雑談。そこに、科学的なプロファイル。これらを車の両輪に、島屋は、明るい職場に向けて邁進する。

サッカー部

## 若き社長は、なぜ学ぼうとするのか

学問としての経営管理を学んだこともある。大手企業での勤務経験もある。しかし、吉貴は学ぶことを大切にする。

「その根源は、無力感と無能感です。前・社長の父（会長）は、島屋に入社して営業マンからスタートして、一つひとつ階段を昇って社長になりました。僕は、入社3か月で取締役でした。うちの商品を熟知しているわけではないのです。経営のプロのつもりではありますが、島屋の商品のプロでもなければ、職人でもありません。頼るしかありませんでした。スラムダンクですよ。三井の3ポイントは、桜木のリバウンドとか仲間の力があるからです」

自分がドリブルで持ち込んで、シュートを決める。そんなタイプの社長ではないと感じていた。リバウンドを制してもらい、パスをつなぎ、シュートに持ち込むのだ。実際、会社の規模も大きくなり、事業の幅は広がるばかりだった。戦うべきコートが広いのだ。個人プレーでは打開できない。

「勉強の中で、仕組みを変えて良くなった会社の話も聞きました。社長がすべてをやるのでなく、分業でありチームプレーです。社員たちに頼っていくしかないと思っていました」

だからこそ、コミュニケーションは生命線なのである。

人事教育部・佐藤聡史本部長も、トップがコミュニケーションにこだわる姿勢を目の当たりにしている。

「うちの社長は、若い社員との距離が近いし、社内のことをよく知っています。社員がコーヒーを飲んでいる輪にも入っていきます。それで、良く見ています。ちょっとした表情や人間関係の変化に気づいて、こっちに教えてくれることがあります」

俺にパスをまわせ。

俺にシュートを打たせろ。

吉貴は、そんなタイプではない。むしろ、自分自身の無力感を隠さないキャラクターである。

「基本的には、みんなを引っ張るタイプではありません。人前で発信するのは苦手です。むしろ、これまで避けてきたようなことを、頑張ってやっています。だから、みんなに頼らないとできません」

現場を知ってみたい気持ちは強い。作業服も持っているし、社長室にはヘルメットもある。もちろん、しっかり着用して工場に足を運ぶこともあった。

「社長、ここは危ないから入らないでください。職人に注意されましたね。それ以来、あまり中には入っていません」

このエピソードを話す彼は、どことなく嬉しそうだった。

社長室にある汗の染み込んだ部活のユニフォーム。

あまり使われないピカピカのヘルメット。

どちらも、島屋の誇りのように感じられた。

## テクノロジーが進んでも、やはり「人」

吉貴は、理系的な思考も強い。エクセルの入力などは、大好きだ。当然、ＩＴの導入などには興味はある。にもかかわらず、そういったものが全知全能だとは考えていない。

「人にしかできないことは多いです。機械化やＡＩ化は進むでしょうが、人間でないとできない仕事も多いと思います。会社の存続を考えれば、アナログの良さで喜ばれる仕事も重要です。お客様に喜ばれることが一番です。そのために工夫やコミュニケーションは、会社としてしっかり評価するようにしています」

屋根・外壁などの建材商品では、自社製品については加工が必要になる。施工を担うケースもある。さらには、建物の現場調査や点検にも力を入れる。

少子高齢化による職人不足は喫緊の課題である。ここは、避けては通れない。

「なかなか職人が入ってきてくれません。これから若い職人をつくっていきたいです。

鋼板などを切って、曲げて、ある程度の形にする。そして、最後に据えつける。やはり、職人の力が必要になってきます」

親方が若者に教える従来の形でなく、教育のシステムを構築してみたい。もちろん、労働環境の改善にも取り組みたい。賃金についても着手する必要性を感じている。

島屋の企業理念を紹介しておきたい。

1　誇りを持って働ける会社にする
2　お客様・仕入先・地域社会に貢献できる会社にする
3　利益を還元できる会社にする

どこまでも、「人」が焦点である。グラム単位の軽量化も進み、ミリ単位の作業でもミスは許されない。それでも、島屋が頼るのは、「機械」でなく「人」なのである。

**体重は9年間にわたってキープしています**

かつて、吉貴の体重は83キロもあった。今のスマートな体型からは、想像もつかない。

「2015年ですね。生命保険に入ろうとしたら、掛け金を増額するか、保障内容を見直すように言われました。体脂肪率も36％あって。要は、健康面にリスクを抱えてしまったということですね」

一念発起。3か月で15キロのダイエットに成功した。トレーニングにも励んだが、食事だ。食事の場が大好きな彼にとっては、タフなチャレンジだった。

「グルテンフリーをやって。昼食を抜くこともありました。食事は写真に撮影して、トレーナーに報告がマストでした」

ただ、やみくもなダイエットではない。1日の適切な摂取カロリーには限度があろう。吉貴は、その多くを、コミュニケーションとしての食事にあてたいのだ。

「社員と出張に行けば、一緒に楽しくランチもしたいです。お酒の席も大事だと思っています。飲食って、人の緊張を緩め、本当の顔を見せてくれると思います。職場とは違う姿を見ることができます」

社員とのコミュニケーションにあてる時間は、少なくない。

「部長以上とは年に1回は、1対1で飲みに行くようにしています。これが年に20回ほどありました。社員はグループ単位にはなりますが、一緒にメシを食いました。昨年は、27回ほどになりました」

といっても、そこに強引さはない。

「今年はどうするかわかりませんけどね。若い社員は私に気も遣うでしょうし。私にも奥さんも子どももいますからね」

こういうチャーミングさが、コミュニケーションの根底にある。もちろん、社長や所属長が社員との丁寧な面談を欠かさないことも付け加えておきたい。

## これから社会に挑む若者へ

「人生を謳歌するのが一番ですよ。そのためには、どんな人と出会うことができるかだと思います。でも、人に出会うためには、行動しないと始まりません。とにかく、動き続けてほしいです。そんな若者が、生き生きと仕事ができる会社にしていきたいと思います」

吉貴は多趣味だ。ゴルフもすれば、マージャンも嫌いではない。ラーメン、豚足、お好み焼き…グルメのアンテナも高感度だ。一方で、ひとりの時間も嫌いじゃない。靴を磨けば時間が経つのを忘れ、ひとりで飲むビールの旨さもわかる。

真新しいヘルメットと汗のしみこんだユニフォーム

これからも、動き続けることだろう。

「いや、子どもも大きくなりまして手が離れてきましたので、妻の許可を取りながら、どんどん動いていきたいです」

取材も終わりに差しかかったとき、社長室のドアが開いた。

会長だ。

すぐ立ち上がった吉貴は、笑顔をいっぱいにして頭を下げた。

「産んでくれてありがとうございます」

彼の48歳の誕生日だった。

会長は、照れくさそうに父の顔に戻った。

目線の先には、カラフルなサッカーのユニフォームと、右肩に伸びる売上グラフ、真新しいままのヘルメットがあった。

## 会社概要

| | |
|---|---|
| 会　社　名 | 株式会社島屋 |
| 創　業 | 1951（昭和26）年3月 |
| 設　立 | 1959（昭和34）年1月 |
| 代　表　者 | 代表取締役　吉貴隆人 |
| 本社所在地 | 〒733-0833 広島市西区商工センター 6-8-58 |
| 三次営業所 | 〒728-0022 三次市西酒屋町411-1 |
| 山口営業所 | 〒753-0871 山口市朝田山口県流通センター 841-9 |
| 周南営業所 | 〒745-0621 山口県周南市大字原字南岡243-1 |
| 下関出張所 | 〒751-0876 山口県下関市秋根北町2-28 |
| 東京出張所 | 〒132-0021 東京都江戸川区中央3-5-5 |
| 資　本　金 | 8,500万円 |
| 事業内容 | 鉄鋼一次二次製品販売、建材商品設計施工販売、食料品の加工販売 |
| グループ企業 | 株式会社ランドハウス・株式会社メタルシマヤ |
| グループ従業員数 | 177人 |

## 沿革

| | |
|---|---|
| 1951年 | 広島市中区十日市町において吉貴吉男が個人会社「嶋屋商会」として発足 |
| 1959年 | 法人組織に変更「株式会社島屋」として発足 |
| 1969年 | 建設業者登録取得 |
| 1980年 | 商工センターへ本社社屋ならびにコンピュータラック完備の倉庫成型加工ライン竣工 |
| 1986年 | 山口営業所（現　周南営業所、現　メタルシマヤ山口の前身）開設 |
| 1988年 | 代表取締役に吉貴康二が就任 |
| 1989年 | 山口支店（現　山口営業所）竣工。三次出張所開設 |
| 1994年 | 外装事業部門独立「株式会社ランドハウス」設立 |
| 1997年 | 下関出張所開設<br>三次営業所竣工 |
| 2003年 | 開発課パーティショングループ発足 |
| 2006年 | 鉄鋼本部独立「株式会社メタルシマヤ」設立。ランドハウス　福山営業所開設 |
| 2010年 | 代表取締役に吉貴隆人が就任 |
| 2014年 | ランドハウス　山口営業所開設 |
| 2015年 | 東京出張所開設<br>心理測定ツール「エマジェネティックス®」導入 |
| 2017年 | 株式会社島屋ホールディングス設立 |
| 2019年 | ランドハウス　プレカット設備導入 |
| 2020年 | ランドハウス　岡山営業所開設 |
| 2023年 | 島屋ホールディングス新倉庫竣工 |

# 瀬戸内のポテンシャル、レモンの風に乗る

**ヤマトフーズ株式会社**
菓子・食品の企画販売

地元広島を元気に楽しく

代表取締役社長
**串山敬太**

×

**坂上俊次**

## 串山《くしやま》 敬太《けいた》

AGE **50** PROFILE **1974年生まれ／広島県呉市出身／AB型**

小学校までは野球、中学入学後は当時全盛期だった「キャプテン翼」にあこがれてサッカーに励み、高校時代には選抜選手にもなりました。大学卒業後、美容健康業界で営業活動や店舗運営に従事していました。2006 年にヤマトフーズを創業、2016 年に社長に就任しました。趣味はゴルフや散歩、ジムで体を動かすこと。

### 社長に聞く10の質問

**01 仕事をするときに心掛けていることはありますか？**

三方良し。みんなにとって良いことか、今より一歩でも良くできないかと考えている

**02 今一番努力していることは何ですか？**

体型維持（ジム・散歩・ゴルフ）。健康維持と好きなお酒を楽しむため

**03 毎日必ずやっていることはありますか？**

トレーニングや散歩などの運動。体を動かすと頭もよく働くため、習慣としている

**04 社長の強みと弱点を1つずつ教えてください。**

強みはいろいろなものを見て食べて磨いた感性。アイデアが多くまとまりにくいのが弱点

**05 子どものときの夢は何ですか？**

野球選手（もちろん幼い頃から大好きな広島東洋カープの選手！）

**06 最近感動したことや涙した出来事は？**

少し前だが黒田博樹投手が復帰しカープが優勝したときの感動や街の熱気は忘れられない

**07 今一番やりたいことは何ですか？**

「レモスコ」に次ぐ全国に知られるようなヒット商品をつくりたい

**08 好きな言葉はありますか？**

「三方良し」似た意味で「みんなが嬉しいのが一番」（渋沢栄一の母ゑい）

**09 好きな本は何ですか、またその理由は何ですか？**

『人を動かす』。他者を動かすためにまず自分の行動を変えるという考えに共感するから

**10 明日が地球最後の日だったとしたら何をしますか？**

さんまの炭火焼定食を食べる。旬のさんまは絶品！レモンをきゅっと搾って食べたい！

## 瀬戸内のポテンシャル、レモンの風に乗る

ヤマトフーズ　串山敬太

### 社長のフライパンから新商品が生まれる

野球少年で、サッカー少年だった。大のカープ好きは、サンフレッチェとドラゴンフライズもこよなく愛している。

釣りは趣味の一つ。取材の翌日は、遊漁船で海に出る。

「明日は、仲間と釣りです。釣ったばかりの鯛なんて、最高ですよ。釣りのワクワク感も楽しいですが、食材そのものに興味があります。メバルなんかも、活きがいいと、煮ていると身が反ってくるような感じがありますからね」

半袖の白いポロシャツ姿で熱く語ると、スタッフに空調の温度設定を低くするようリクエストした。

ヤマトフーズ株式会社の社長を務める串山敬太である。彼こそが、「レモスコ」の生みの親である。

長さ14センチの小さな瓶。駅で、空港で、スーパーマーケットで。あの黄色い存在感にピンとくる読者は多いはずだろう。レモンの果汁と皮、酢、唐辛子、藻塩をブレンドした調味料だ。肉、魚、牡蠣、ピザ、パスタ、餃子…数滴かけるだけで、食材の

旨みを倍増させてくれる。

ヤマトフーズには、一般流通させているだけで約50種類の商品がある。その8割が、レモンに関連する。「レモスコ」は、この会社のスーパーエースであることに異論はないだろう。

さて、「レモスコ」の誕生秘話…

いや、串山の話は、前段から惹きつけられるものがある。

彼はオフィスの商品ラックから、長方形のカラフルな紙箱を取り出した。瀬戸内の青い空、濃淡のある木々の緑、そこに黄色いレモンのイラストが描かれている。

「瀬戸内レモンスパイスチキンカレー」

23種のスパイスが特徴のカレーだ。レトルトパックになっていて、湯せんするだけで食

瀬戸内レモンスパイスチキンカレー

べることができる。

「このカレーですが、ベースは社長がつくりました」

女性社員の言葉に驚いた。すかさず串山は、スマートフォンに保存された写真を見せてくれた。

「料理が好きで、自宅にスパイスはあります。何度も味見をしながら配合していきます。玉ねぎも、長い時間をかけて炒めます。もちろん、瀬戸内レモンも重要なポイントです」

これをベースに商品化したのが、「瀬戸内レモンスパイスチキンカレー」なのだ。もはや、趣味の域ではない。かといって、ビジネスと言い切りたくもない。串山は、「食生活」「食文化」に、人生を賭している。

**29歳までサラリーマン**

商品への探究心は、サラリーマン時代の経験が大きい。ヤマトフーズ創業前、健康・美容関連の会社でサラリーマンをしていた。化粧品、ボディソープ、シャンプーなど「無添加」の商品を扱っていた。成分は確認し、それについての勉強もした。もちろん、自分でも使ってみた。すると、自身に変化を感じるようになった。

「小中学生の頃からアトピー性皮膚炎がありましたが、症状が改善していきました。食事も添加物を控えるなど工夫をすると、さらにアトピーがひきました。子どもの頃に病院に行き、塗り薬ももらいましたが、今回の方が顕著な変化でした」

製品の良さもあるだろうが、勉強を進めると発見もあった。

「シャンプーや石鹸も大事ですが、体の中の要素がいかに大きなウエイトを占めるかということです。食事、運動、睡眠ですね」

このとき、串山の心に夢が芽生えていた。

「いつか健康に良い食材を使った事業がやりたい」

2006年ヤマトフーズを立ち上げ、串山は専務に就任した。しかし、業務内容は「レモスコ」のイメージとは大きく異なる。

遊技場やアミューズメント施設向けに菓子類を調達する卸売業である。

「ディスカウントストアや遊技場などに菓子類を卸します。季節やキャンペーン終了などで流通量が低下した菓子を安く仕入れます。見切り品ですね。自社の機械でパッケージ化することもありました」

まだ、工場を24時間稼働させ大量生産・大量消費の色合いが濃かった時代である。しかし、需要と供給が完全に一致することはない。そのギャップにも、ビジネスチャンスはあった。マーケットの事情でカットされる商品を割安で仕入れ、次なる市場に届ける。行動力と判断力で、この仕事は順調に成り立っていた。

一方で、串山は時代の潮目も感じていた。

「これまでは、どんどん作ってどんどん売る時代でした。でも、メーカーの考え方も変わりつつありました。例えば、包材の基礎原料になるエチレンなども不足してきます。すると、24時間にわたって工場をまわすのでなく、売れる量だけ生産しようという流れになっていきました。すると、マーケットに『余りもの』がなくなります。我々は、これまでのように商品を調達できなくなっていくわけです」

串山は、持ち前の行動力で商品の確保に走った。社会状況が変わっても、安定的に安く商品を仕入れる力は、取引先からの信用につながった。だが、明らかに流れは変わってきた。商材の確保は難しくなるばかりだった。

「大量に作って余ったものを現金で仕入れる商売です。でも、大量生産の前提が崩れているわけです。こちらは『待ちの商売』ですから、どうしようもありません。全国を走りまわってなんとかしましたが、それは大変でした。『待ちの商売』の怖さを感じました。自分たちから発信するヒット商品がほしいと思うようになりました」

目の前の仕事に奔走しながらも、串山のアンテナはさびついていなかった。あるとき、面白い商品の仕入れをオーダーされた。九州の柚子胡椒をアレンジした調味料だった。

## 「レモスコ」が生まれた日

柚子胡椒に酸味や酢を加えた小瓶が届いた。揚げ物や刺身、豆腐などにも相性は抜群だった。柚子胡椒に唐辛子の辛味を加えた小瓶は、ピザやパスタにもマッチした。仕入れた商品をそのまま問屋に届ける。これが、当時のヤマトフーズの仕事だった。

「まてよ、これをレモンでやったらどうだろうか?」

串山のアンテナは、商品を右から左に素通りさせなかった。

「広島のレモンは生産量日本一なのに、あまり知られていませんでした。レモンをベースにした調味料があれば、多くの人に喜んでもらえると思いました。『レモスコ』ですよ。商品名も同時に思いつきました」

無添加・小ロット。この条件で「レモスコ」を作ってくれる会社を探すのは簡単ではなかった。ようやく出会ったのが、山口県の丸三食品だった。天然素材と職人技にこだわる会社である。醤油製造から始まり「人がよろこぶ味」を標榜する彼らは、串山の思いに共感した。

「レモン果汁で、無添加で、味を主張しすぎず、食材を引き立てる」そんなオーダーに、丸三食品の職人らは、一発で応えた。

２０１０年12月、「レモスコ」が誕生した。なんとか知ってもらいたかった。親戚や友人を頼って、商品を知ってもらうチャンスを探した。居酒屋、お好み焼き店、餃子店、サンプル用の小袋を持って「レモスコ」の存在を広めようとした。

年末には、流通大手との面談のチャンスも巡ってきた。すぐさま東京に向かい「レモスコ」をプレゼンした。しかし、反応は芳しくなかった。

「それで、ほかに商品はありますか?」

レモスコ

多くの会社は、「二の矢、三の矢」を用意して商談を進めるのだろうが、ヤマトフーズには「レモスコ」しかなかった。

ここからチャンスが広がるほど、ビジネスは容易いものではなかった。

さらに、ピンチは重なる。年明けの牡蠣のイベントに参加したときのことである。

「焼き牡蠣にレモスコをかけて食べてもらっていました。するとイベントの途中から、『辛い』という声が続出し始めました」

味を確認すると、確かに、本来設定していたバランスの辛さではないものがあった。

「無添加にこだわった結果、味に自然のままが出てしまっていたのです。青唐辛子の辛さにバラつきがありました。塩分や甘みは計器ではかることができるのですが、辛さははかることが難しいのです。添加物を用いれば配合は簡単になりますが、無添加で安定させるのは難しかったです」

魔法はなかった。製造のたびに、職人の味覚で辛味のチェックをするしか方法はなかった。しかも、無添加はコストが重くのしかかる。同じジャンルの商品での価格競争にも勝てない。

「でも、揺るがない思いがありました。自身の体験からも、食品添加物無添加にこだわりました。こちらもできる限りの力は尽くしますが、それでも味に多少のブレがあるのも『自然』です。季節によって辛味が違ってしまうこともあります。それでも、自然のものを味わっていただきたいです。なので、今でも製造ごとに職人3人が辛味を確認して調整しています」

最初の2年間は、売れなかった。スーパーマーケットでの取引がゼロになった時期もあった。しかし、串山に焦りはなかった。メッセージを届けるのに時間は必要だと覚悟していたからである。

「調味料って、店頭に並んだだけで売れるものではありません。食材に合わせてみないと広がっていきません」

チキンソテーにふりかけてほしい。

商品開発の様子

焼き牡蠣にもマッチする。

ピザ、パスタ、餃子の良さもひき立てる。

牡蠣まつりやフラワーフェスティバルなど大きなイベントにも参加しながら、飲食店へのサンプリングも行った。一時期、串山は「レモスコ」の小瓶や小袋を持ち歩いていた。

料理の経験や、食への関心も役に立った。

「商品開発をするのに、自分が理解していなかったら話になりません。どういう思いで、どうやってつくったか。なぜ、この配合比率なのか。どうやって食べれば美味しいのか。そこには、自信と思いを持って説明させてもらいました」

## 情熱は潮目をも変える

山陽自動車道の河内ＩＣと高屋ＪＣＴ／ＩＣの間に位置するのが、小谷サービスエリアである。石窯を導入したベーカリーやコーヒーショップ、フラワーショップなど、ドライバーの人気は高い。もちろん、広島県内の土産品も多く取り扱われている。

「ここのバイヤーさんが『レモスコ』を気に入ってくれました。土産物だと、面積も広くとって陳列してもらえます。そこに、メッセージを書いたＰＯＰを掲示することもできますからね」

黄色く目立つパッケージは効果抜群だった。ここを起点に、商品は、東へ西へと広がっていく。ここに立ち寄ったバイヤーにも印象を植えつけることができた。

このきっかけも、串山の商品へのこだわりがもたらしたものだった。「レモスコ」を開発するとき、原材料にこだわった。呉市出身の彼は、瀬戸内海の海水からつくられる「海人の藻塩」を使用した。のちに、「海人の藻塩」を製造する蒲刈物産の担当者の紹介もあって、この販路が拓かれていったのだった。

「あの小谷サービスエリアがターニングポイントでした。あそこから広がっていきました」

商品の特性を考えると、いきなりのスーパーマーケットはハードルが高かった。

「あれだけの商品の中で、うちの商品がひとつあっても、手に取ってはもらえませんよね。どういう商品かお客様にわからないでしょう。あらためて、店頭に並べられて商品が売れることが、いかに凄いことかと感じました。自社商品を売る大変さがわかりました。生まれて初めて、お店を覗くことが怖いという感覚にもなりました」

商品を届けるのはメッセージであり、メッセージの源となるのは商品への思いなのだ。串山は、あらゆる場面で商品を語った。メディアの取材なども増え、「レモスコ」を伝える機会も増えた。

そして、追い風が吹いた。2013年、ひろしま菓子博の開催に合わせ、各食品メーカーがレモンに関連する商品を積極的に展開するようになったのだ。

国産レモン生産量日本一。

瀬戸内海の温暖な気候が、レモンに適している。

広島県も、レモンや関連商品を積極的にPRするようになった。ヤマトフーズは、2015年に「瀬戸内レモン農園」なるブランドも立ち上げた。「熟成藻塩レモン」「レモ缶ひろしま牡蠣」「レモ缶ひろしま小鰯」「ひろしま牡蠣の塩レモン鍋」「イカ天レモスコ味」……

気がつけば、レモン関連商品の売り上げは「10年間で10倍」になった。

こうなると、串山の食への探究心が、好循環を始める。ただラインアップを増やしているわけではない。そこには、ストーリーと裏付けがある。

「牡蠣とレモン。ここにも意味はあります。牡蠣のミネラルの吸収をレモンが助けるのです。藻塩レモン、これも例があります。塩レモンは、モロッコでは保存食として重宝されています。塩とレモンだけだと酸っぱいばかりですが、熟成させると旨みが出ます。タイの刺身に藻塩レモン、こういった食文化を広げていきたいです」

レモン以外にも挑戦した。「鳥皮みそ煮」である。ぷるぷるの鶏皮を2種類の味噌で煮込み、缶詰にしたものだ。これがあれば、おつまみとしてはもちろん、みそ煮込み風うどんやみそカレー、鶏皮の親子丼だって簡単につくれてしまう。

瀬戸内レモン農園の商品

レモンとはイメージは離れているかもしれないが、串山にとっては、何の不思議もない挑戦である。

「あるようでないものを作り

たいです。僕の故郷である呉の名物ですから、掘り起こしたという感覚です。面白いことをやっている会社だと思ってもらえれば、嬉しいです」

この商品が、羽ばたいた。2021年、国際宇宙ステーションに滞在中の実業家・前澤友作さんらが宇宙に「鳥皮みそ煮」を持参していたことがSNSで話題になった。

呉の居酒屋で親しまれてきた一品が、海をわたるどころか、宇宙に飛び立った。この話題性に、テレビや新聞メディアも飛びついた。

地元の素晴らしいものを掘り起こし、メッセージとともに各地に届ける。

鳥皮みそ煮

串山のこれまでの苦労はヤマトフーズの商品力として実を結んでいった。

## 尽きない探究心

「食」を知らなければ、新たな商品は生まれない。ストーリーも語ることができない。また、そのストーリーがなければ、商品は広がっていかない。

座学は、性に合わない。自分の足で歩いて、飾らない人柄で情報を仕入れるのだ。

アメリカ最古のステーキハウスの1軒ともいわれる「ピーター・ルーガー」を訪ねたことがある。

「(牛の成長速度を速めるための)ホルモン剤などが投与されていない牛をいただきました。最高峰のステーキといわれますが、これまで口にしたものとは全く違いました」

知人が取り寄せているニュージーランドの鶏肉も分けてもらった。完全にオーガニックの肉には、驚いた。

「本当に美味しくて、味付けは塩だけで十分でした。子どもの健康のために取り寄せているということでしたが、納得でした」

なにも、高級食材ばかりではない。お好み焼き店でも、食材を感じ取ること。

「イカの甘みですよね。冷凍ではなく、生イカが入ったお好み焼きは、全体に素晴らしいダシがいきわたる感じです」

もちろん、道楽ではない。仕事に反映させるべく、アンテナは常に張っている。

「お、三河のみりんですね」

焼き鳥店のカウンター越しに声をかけると、料理人が乗ってきた。

「お、わかりますか。ご名答」

これ以来、この大将と仲良くなり、串山は、食への知識をより深めていった。

「三河みりんの特徴は、まろやかで上品な甘さです。しっかりした甘みはありますが、舌に過度に残ることはありません」

こうなると、串山の考察は止まらない。

「愛知県はごま油でも有名ですが、さまざまなメーカーがあります。製造方法も多様ですが、歴史的にも、地域によっても、ずいぶん味が違います」

本当は、織田・徳川の歴史に由来する深い考察を語ってくれたのだが、そこはまたの機会としよう。

美味しいものを見つけたい。そこから、学びたい。

体にいいものを見つけたい。それを、社会に広めたい。

「ええものばかり食べよったら、体を壊すでぇ」

両親に心配されたことがある。

「なあに、悪いものを食べた方が、体を壊すんで」

こんなやりとりばかりは、息子に軍配が上がったようである。

## 瀬戸内のポテンシャル

ヤマトフーズは、遊漁船の運営を始めた。「勝栄丸」。レーダー・ソナーに加え、キャビン内には冷暖房も完備されている。

釣りを通して瀬戸内海を知ってもらいたい。魚の食べ方や捌き方など、「食」についても学びを深めることができる。

「食文化を新たに広めたくて、勝栄丸をやっています。瀬戸内の魚の素晴らしさも伝えたいです。刺身に塩レモン、刺身にレモスコ、そういう食べ方の話などもできれば最高ですね」

グループ会社は生口島にレモン農園を所有している。栽培から手がけることで、レモンへの理解を深めたいのだ。日本一のレモン生産地で、その自然資源をもっと知りたい。そして、生産者の暮らしにも思いを馳せたいのである。

「皮ごと食べられるレモンです。防腐剤やワックスを使用していませんから、丸ごと口にすることができます」

素材にこだわればこだわるほど、関心のベクトルは自然に向いていく。自分たちが暮らす瀬戸内を見つめることが、社会貢献や商品づくりの第一歩なのである。

生口島のレモン農園

「レモンはずっとやっていきますが、ほかの食材も考えています。とにかく、地元の食材にこだわっていきたいです」

広島に生まれた串山は、この地と瀬戸内海をこよなく愛している。

「スポーツが大好きですから。カープやサンフレッチェ、そしてドラゴンフライズも盛り上がっています。自然では、海があって、山があって、川があります。コンパクトであり、恵まれている土地です。先日、しまなみ海道をサイクリングしましたが、最高に気持ち良かったです。多島美も素晴らしいものがありました。それに、小魚です。小魚をここまで美味しく食べられるのも、瀬戸内海の魅力だと思います」

これほどまでに力説する串山だが、その価値観を押しつける気持ちはない。

「魅力を見つけることは大事ですが、無理をすることはありません。行って、食べて、語って、感じることが大事です。そういう意味で、感じるための材料が広島にはたくさんあると思います」

## 未来へ羽ばたく若者へ

住民基本台帳人口移動報告による広島県の転出超過がニュースになった。しかし、串山の肌感覚は、ポジティブな面も捉えている。

「若いときに、県外や海外に出ていくことは大事な経験です。いろんな場所で、語って、食べて、感じることが財産になるはずです。でも、広島ほど、世界の人々が文化を求めてやってくる土地は、なかなかない気がします。町を歩いていても、県外の人や海外の人がたくさんいます。転出もあるのかもしれませんが、流入もある町だと思っていますよ。まだまだ広く知ってもらいたいものはたくさんあります」

サラリーマンの経験もある。起業した当初は、卸売業が中心だった。「レモスコ」のアイデアこそ閃いたが、そこからの苦労は並大抵のものではなかった。品質を一定させる苦労もあった。店頭に並べてもらえない時期もあった。商品が売れない時期もあった。

「最初は、卸売業の利益を、『レモスコ』に投入しなければならない時期もありました。ノンアポで1日10件の訪問をした日々もありました。でも、大変だと思ったことはなかったです。食文化を発信する。地元を知ってもらう。その意義がある仕事だと思ってやってきました。ビジネスで利益は大事ですが、ずっと残るものではありません。でも、文化は残るものです。そこが面白いと感じています」

ヤマトフーズの売上高は15億円を超えた。試行錯誤の「レモスコ」を軌道に乗せたのは、彼らの情熱と執念の賜物だった。夢や情熱があるからこそ、粘り強く取り組むことができたのだろう。

「『レモスコ』でうちのレモンを使うてくれて、ありがとう」

農園から聞こえてきた大きな声に、彼らの仕事が凝縮されている。

## 会社概要

| | |
|---|---|
| 会社名 | ヤマトフーズ株式会社 |
| 設立 | 2006（平成18）年 2月 |
| 代表者 | 代表取締役社長　串山敬太 |
| 本社所在地 | 〒733-0006 広島市西区三篠北町17-21 |
| 東京営業所 | 〒170-0013 東京都豊島区東池袋4-21-1<br>アウルタワーオフィス棟616号室 |
| 駐在所 | 兵庫／福岡 |
| 食品加工工場 | 〒739-2623 広島県東広島市黒瀬町川角256-1 |
| 資本金 | 1,000万円 |
| 従業員数 | 42名（パート含む） |
| 事業内容 | 菓子･食品の企画販売メーカー、菓子･食品の総合商社、遊技場･アミューズメント向けメーカー・卸売業、地域資源を生かしたオリジナル商品開発 |

## 沿革

| | |
|---|---|
| 2006年2月 | ヤマトフーズ株式会社設立（資本金1,000万円）<br>食品工場開設（広島県東広島市）<br>代表取締役社長に井上和博、専務取締役に串山敬太、取締役に串山孝一が就任<br>アミューズメント向け景品メーカー、菓子食品問屋として開始 |
| 4月 | 福岡出張所開設 |
| 2007年6月 | 大阪出張所開設 |
| 2008年1月 | 東京出張所開設 |
| 2010年10月 | 広島営業本部　移転（広島市西区大芝） |
| 12月 | 『レモスコ®』を発売。一般流通販売を開始 |
| 2015年8月 | 平成27年度<br>広島県の「新事業創出チャレンジ企業支援業」に採択<br>『瀬戸内レモン農園®』ブランド設立 |
| 2016年7月 | 会長に井上和博が就任、代表取締役社長に串山敬太が就任 |
| 12月 | 東京営業所開設（新宿区西新宿） |
| 2018年4月 | 名古屋出張所開設 |
| 2019年4月 | 東京営業所　移転（新宿区新宿） |
| 2020年2月 | 本社並びに<br>広島営業本部　移転（広島市西区三篠北町）<br>広島営業本部<br>本社と統合 |

# 歴史に学び、
# 未来を思う。
# 地域のために、
# 誠を尽くす

**株式会社ひろぎんホールディングス**

銀行業中心に非金融を含めた地域総合サービス業

地元広島を元気に楽しく

代表取締役社長

**部谷俊雄**

×

**坂上俊次**

## 部谷《へや》 俊雄《としお》

AGE 64　PROFILE 1960年生まれ／広島市出身／B型

1983年に広島銀行己斐支店に入行。担当者時代は、東京支店等で法人渉外中心のキャリア。2002年に吉島支店長に就任し、以降、営業店では広島東支店長・本店営業部本店長、本部では営業企画室長・総合企画部長と、営業店・本部両面でキャリアを積む。2018年に広島銀行頭取就任。2020年にひろぎんホールディングス社長就任。

### 社長に聞く10の質問

**01 仕事をするときに心掛けていることはありますか？**
絶対に逃げない。当事者意識を持つ

**02 今一番努力していることは何ですか？**
従業員のモチベーションの向上

**03 毎日必ずやっていることはありますか？**
散歩

**04 社長の強みと弱点を1つずつ教えてください。**
強み：大局的に物事を捉え判断する点。弱点：せっかち

**05 子どものときの夢は何ですか？**
プロ野球選手

**06 最近感動したことや心に響いた事は？**
阿部詩さんのオリンピックでの号泣

**07 今一番やりたいことは何ですか？**
宇宙旅行

**08 好きな言葉はありますか？**
至誠一貫

**09 好きな本は何ですか、またその理由は何ですか？**
稲盛和夫さんの『生き方』。人生において目標とする人

**10 明日が地球最後の日だったとしたら何をしますか？**
温泉でのんびり、酒を飲み、寿司を食べながら、人生を振り返りたい

## 「未来を、ひろげる。」

約40年前のことである。広島銀行の新入行員だった彼は、支店で紙幣や硬貨を数える日々を送っていた。大学の同級生たちに聞けば、それぞれの就職先で華々しく活躍している様子であった。

「自分は何をしているのだろう？」

「なぜ、自分はこんなことをしているのだろう？」

同級生たちを羨望の眼差しで見つめながら、自問自答の日々を送っていた。

その後、彼は東京支店に転勤となった。法人担当として、名だたる大手企業と向き合うことになる。

とある企業に、担当するにあたって面接されたことがあった。小さな椅子があって、そこに腰かけると、正面の長机には取引先の部長らが並んでいた。

先方からは、金融に関する質問が飛んできた。今思えば、業界では常識的な問いばかりであった。しかし、答えられなかった。

「結構です。お帰りください」

この言葉は強烈に響いた。しばらくは、この会社にひとりで足を運ぶこともできなかった。

ここから、彼は、猛烈に勉強した。そして、半年後、この会社をひとりで訪問することとなった。

やはり、先方は、金融に関する質問をしてきた。

今度は、しっかり答えることができた。

「勉強したことだったので答えられました。すると、相手側の態度がガラリと変わりました。そこからは、こっちのものでした」

部谷俊雄、若き日の話である。2018年に58歳で広島銀行の頭取に就任、2020年からは株式会社ひろぎんホールディングス社長として広島の経済界をリードする。

部谷が常々、従業員たちにお願いをしていることがある。

「物事を多面的に見てください。非日常の体験を積極的にするようにしてください」

事象は角度を変えて見ること。さまざまな立場から見ること。そして、考えること。学ぶこと。

彼のキャリアは、その繰り返しだった。人事異動もあれば、ピンチもある。そのたびに、見方を変えて、学んできた。

「自分のやっていることって、狭いものです。毎日、同じ場所に行って、同じ人に会って、同じ業務を繰り返す。それでは視野が広がりません。だから、非日常体験が必要です。私はそれを必要に迫られてやってきましたが、できれば能動的に経験してほしいです」

ひろぎんホールディングスは、さまざまな制度を設けている。

社内インターンシップ…一定期間、他の職務を経験できる

ひらめき☆1Ｄａｙ's…1日限定で他の職務を「越境体験」できる

視野を広げなければならない。変わらなければならない。彼らは、今、「地域総合サービスグループ」としての歩みを加速させている。

自分を広げる。自分たちを広げる。その向こうに、地域の未来が広がっていくのである。

## もっと地域。もっと人。私たちの仕事は、もっと川上へ

入社試験の面接を幾度となく行ってきた。志望動機を訪ねると、「地域に貢献したい」という言葉が頻繁に返ってくる。間違いではない。しかし、その形は変わってきているとも感じる。

「従前は、例えば企業が工場を建設するとなれば設備資金が必要になり、融資をします。個人では、住宅の購入にあたりローンの相談を受け、住宅ローンを実行します。あくまで我々の仕事の基本は金融でした。しかし、今は、金融に加え各種コンサルティング、IT化のサポートや人材のサポート等の業務軸が広がり、より幅広くお客様の課題解決に向け貢献できるようになりました」

金融ありきではない。地域社会・お客様のあらゆる課題解決に向けて取り組むことが、ひろぎんホールディングスの「地域への貢献」である。

1878年の第六十六国立銀行の設立から、140年を超える歴史を刻んできた。しかし、2020年には、ホールディングス化に踏み切った。銀行業務だけではない。資産運用、信用保証、IT関連、地域活性化や人事労務に関するコンサルティング業

務…あらゆるアプローチから、地域に寄り添う覚悟である。

「地域総合サービスグループという表現をしています。広島を中心とした地元4県（広島、岡山、山口、愛媛）が地盤です。この地域の発展なくして、我々の発展もないと考えています。今や、銀行の機能だけでは多様化するニーズに対応できません」

銀行を取り巻く環境は激変している。規制緩和によって、他業種が金融業務に参入するケースが増えた。ＡＴＭや資産運用に特化した銀行、インターネットに特化した資産運用を中心とした銀行などである。

「川下（かわしも）のビジネスから、川上（かわかみ）のビジネスへ、変化していくことが必要です。待っているだけでは難しいです。未来のことは予測できませんが、ひとつ言えることがあります。金融という機能

ひろぎんホールデングス本社ビル

は必要ですが、それが銀行である必要はないということです」

川下のビジネスではテクニカルなことも重要である。ただ、川の上流に行くほどに「人」が大事になってくる。

顧客は、どんな夢を持ち、何に悩み、何を求めているのか。

心を開いてもらえるパートナーになる必要がある。

「大前提として、この地域が好きだという思いが大切です。地域を発展させたいという思いがある人が集まる会社でありたいです」

銀行の転換期は、従業員一人ひとりの転換期でもあった。

## 野球少年、故郷・広島へ帰る

1960年、部谷は広島市に生まれた。やはり、カープの大ファンだった。山本浩二ら黄金時代の選手に憧れ、旧・広島市民球場のスタンドで旗を振っていた。広島学院中学では、軟式野球部にも入るほどだった。

「球は速いが、コントロールが悪い。よくあるパターンです。中学3年間は投手でしたが、高校に進むとサードにまわることになりました」

真剣だったが、体系的に取り組んだわけではない。部谷は肩を故障し、野球を断念することになった。

「今でいうルーズショルダーですね。自己流でやってきて、痛めてしまいました。今でも、肩の関節が外れることがあります」

慶応義塾大に入学が決まり広島を離れると、野球を断念。都会での生活を謳歌するようになった。

「恥ずかしながら勉強はあまりしませんでした。当時から、人・物・文化が集まっていて都会は刺激的でした。学校より、テニスや麻雀、アルバイトに精を出す日々でした。今の若者が東京に出ようとする気持ちがわかります」

家庭教師や配送のアルバイ

広島東洋カープ vs 横浜 De ＮＡベイスターズ
始球式（2019 年 5 月 11 日）

トもやった。就職活動でも金融業界を志望し、そのまま東京で暮らすことを望んでいた。

しかし、大学3年生の冬に、父を病気で亡くした。

「長男だから、わかっているよね」

母や姉からプレッシャーは感じていたが、彼は抵抗した。広島銀行の内定が決まっても、明確な志望動機がなかったこともあり、なかなか広島に帰ろうとしなかった。

社会人初日は、とても晴れやかな気持ちになれなかったのを覚えている。

己斐支店では、紙幣や硬貨を数える日々。東京支店では、取引先相手に勉強不足を露呈してしまった。しかし、猛勉強で信用を勝ち取り、仕事が充実するようになった。

さらに、転機が訪れる。33歳のとき、研修所（現在の人材開発室）に配属されたのだ。その1か月後、会社からミッションが課せられる。

「融資責任者を対象にした研修の講師を命じられました。新しく責任者になった方々に、融資の基本と簿記を3時間でレクチャーするというものです。しかも、名簿を見れば、受講者は先輩ばかりです。これまで体系的に勉強してきませんでしたから、焦りました」

ここも猛勉強で乗り切ったが、学びの必要性は再確認させられた。課題が立ちはだかる。そこに向け研鑽を積む。そうすれば、新たな視野が広がる。

非日常体験をする。新たなミッションに挑む。そこから視座が高まる。ミッションに挑むたびに、経験は確信につながっていった。

## 「至誠」が生み出す未来志向

変革期に組織を率いるのは激務である。時代が変われば、ビジネスの形も大きく変わる。

アイデアも決断も求められる、そんな部谷の思考のアプローチは独特だ。

「ひとりでボーッとしているときに、物を考えることが多いです。例えば、昼間に温泉に入って外の風景を眺めているときに、一番、頭がまわっています。仕事を頭から切り離すことは、あまりありません。常に、頭のどこかにある気がします」

彼が考えるのは、目先の事態に対する打開策ではない。地域を見つめ、未来を見つめ、大局的な策を講じたいのだ。

「働く喜びは何かというと、お客様に感謝されることです。支店長時代に『あなたがいて、今のうちの会社があります』と言われたことがありました。これが一番嬉しかったです。そのためには、一生懸命、マジメにやること。嘘をつかない、裏切らないことです」

顧客に真摯に向き合う。必要条件ではあるが、十分条件ではない。なぜなら、時代によって風向きは大きく変わる。そのことは、銀行マンとして肌で感じてきた。

「東京支店に勤務したときも、前半はバブル期で、後半はバブル崩壊の時期でした。その時期によって、やるべきことは全く違ってきます。世の中の流れとともにやるしかありません。従って、過去に正しかったことが、これからも正しいとは限りません」

だからこそ、物事の捉え方は死活問題になる。多角的で、未来志向でなければ、変化の時代に処することはできない。

「これからどうなるか。将来どうなっていくのかが大事です。これはいつも考えることです。物事を判断するのに、『今までこうだったから』というのは嫌いです。もちろん普遍的に大事なことはありますが、過去ばかり考えていては変えることができません。それより『これからどうあるべきか』です。世の中がどう変わっていくかを基準にすると、変えなきゃいけないことはたくさん見つかります」

好きな言葉は「至誠」

中国の思想家・孟子の言葉とされ、吉田松陰の座右の銘「至誠通天」として全国に広がった。誠実な心、真実の心、偽りや飾りがない気持ち。部谷の生き様には、この言葉が貫かれている。

「何のために仕事をするか？　やはりお客様のためだと思います。お客様の役に立つことを考えて、その対価が企業の収益だと思います。まずはお客様。収益はその結果です。そこの順番が逆になってはいけません。目先の数字ではありません。目先の数字のために、短期的な見方になってはいけないと思います。どうしても、目先の結果や早く結果の出るものを追い求めがちで、それを否定するつもりはありません。ですが、5年先、10年先、お客様がどうあるべきかを考えた提案が大切です。結果が出るのはずっと先になるかもしれませんが、こういったことが信頼関係につながると考えています」

実際、2023年4月、広島銀行では、支店間での業績評価制度を廃止している。銀行を舞台にしたドラマなどで、支店長席の後ろに店舗ごとの売り上げがグラフで掲示されている光景は、イメージがつきやすいだろう。店舗ごとに顧客を奪い合うシーンは経済小説などでもよく見られる。

「昔から、あの競争が好きではありませんでした。支店長時代も、私の店舗の成績は必ずしも上位ではなかったです。支店間の競争って、組織の中のものです。そこばかりを意識すると、目の前のことばかりを追いかけてしまいがちです。無理をしてしまうことも出てきます。やはり、お客様に喜んでもらうことが何よりも大切だと思います」

靴底を擦り減らして取引先をまわった時代も、会社の経営を担う今も、思いは変わらない。お客様のために、誠を尽くすのだ。

## 地域の発展なくして、ひろぎんの発展なし

広島県の県内GDPは約12兆円、全国12位である。県内人口は277万人、こちらも全国12位だ。

「地方の中核都市といわれ、経営資源は豊富にあると思います。決して大都市ではないかもしれませんが、自然も文化もスポーツも充実しています。大手企業から単身赴任で来られた人に『こんなに素晴らしい数年間はなかった』と言われたことがありま

す。平地が少ないですが、コンパクトです。その中に、海も山も町も詰まっています。暮らすには申し分ないと思います」

しかし、現実には寂しいニュースも聞こえてくる。

総務省の人口移動報告2023によると、広島県は1万1409人の転出超過。3年連続全国ワーストの数字である。

「私も広島の人間ですから、残念で淋しい話です。当然、県外で学び見聞を広めるのは素晴らしいことです。ただ、いくつか考えられることもあります。広島は製造業が中心ですから、『BtoB』の企業が多いです。就職活動中の学生たちは、これらの企業にあまり馴染みがないのかもしれません。娯楽の面では、コンサートなどの広島飛ばしもあります。若者は、有名アーティストのライブが広島で開催されないことに不満もあるかもしれません。でも、このあたりは広島ドラゴンフライズも日本一になりましたし、アリーナ建設などが実現すれば状況は変わると思います」

ポテンシャルも課題もあるが、この地域が活気に満ちあふれること。その向こうにしか、会社の未来はないと確信している。

「いかに地域に有益なサービスを提供するかです。課題があれば、ニーズが生まれます。世の中が求めるものに対応していきたいです。ミクロでは、個別企業や個人のニーズ。マクロでは、世界経済や日本経済がどのように展開していくのかを的確に見極めなければなりません」
「人」が集まる町。デジタル技術を活用したスマートシティ。観光立県。サステナビリティ先進地域。活力ある地域の向こうにしか、自分たちの発展もないと感じている。

この覚悟は、何も、ここ数年で固めたものではない。会社の歴史をたどれば、彼らが地域の発展を追い求めることは必然のようである。

1878年、広島銀行の前身となる第六十六国立銀行が尾道に設立された。1945年、藝備銀行が設立となったが、8月には原爆投下によって大きな被害を受けた。本支店16店舗中11店舗が被災、役職員の被爆犠牲者は144人を数えている。1950年、廣島銀行と行名変更があったが、ここにも「平和都市ヒロシマ」への思いが込められている。

「145年（取材時点）、この地域とともに歩んできました。ひろぎんホールディングスとなっても、その精神は変わりません。ずっと、地域とともに成長してきたのです」

地域を代表する企業であることに異論はなかろうが、彼らは「主役ではない」こと

第六十六国立銀行

藝備銀行

被災直後の本店建物（1945 年 8 月 8 日撮影）

を自覚している。

「私たちは、主役ではありません。まちづくりも、観光も、私たちはサポート役です。中期経営計画では、地域活性化や人口減少への対策も盛り込みましたが、私たちだけでは何もできないのです。目標に向かってやっている人や企業に対して、一緒になってサポートすることが我々の仕事です」

地域とともに歩む。

2021年には、広島市中心部に地上19階・地下1階の新社屋が完成した。1階には、イベントスペースやカフェがあり、これまでのイメージとは大きく変わった。

誇るべきは施設のスペックだけではない。あらゆるところに、彼らの魂が凝縮されているのだ。

「本社の所在地は、原爆による被災を乗り越え、営業を継続してきた『ひろぎん』DNAの原点です。1階のパブリックスペースは、広島都心活性化に向けたにぎわいの場として活用していきたいです」

2025年、広島は被爆80年を迎える。ひろぎんホールディングスは、まさに「原点」で汗を流しながら、自分たちの存在意義を噛みしめている。

本社ビル１階のアンデルセンカフェ

本社ビル 16 階のカフェテリア方式の食堂

## 若者たちへのメッセージ

「何が得意か？」

「何が好きか？」

「長所はどこか？」

「これらをどう生かしたいか？」

もし、入社試験の面接官をするなら、部谷は、こういった質問を若者にぶつけたいという。


「志望動機なんかは、本にも回答例があったりしますよね。わりと同じ答えが返ってくることが多いので、それより強みや長所を聞きたいです。若い人には、好きなものを見つけて一生懸命やってほしいです。自分の強みを伸ばしてほしいです」

銀行マンとしてシビアな局面も乗り越えてきたが、未来を背負う若者たちに、どこまでも前向きな視線を注ぐ。

「誰にでも短所はありますが、悪いところを指摘されても、簡単に直せるものではありません。これからの時代、長所や得意なことを伸ばす方がずっといいと思います」

彼自身も、自分の学生時代に後悔も残している。

「もっと勉強をしておけばよかったです。恥ずかしながら、あんまり勉強をした学生時代ではありませんでした。特に、歴史の勉強なんかは、しっかりやっておけばよかったです」

広島で生まれ、東京の大学に学び、広島銀行に就職する。支店長も経験し、58歳で頭取になり、ひろぎんホールディングスの社長である。しかし、言葉を交わすと、この華やかな経歴とはガラリと印象が変わる。

「誰に対しても態度を変えず、偉ぶることもありません。その根っこには、確固たる信念をお持ちで、尊敬する人物です」

長く知る知人の言葉が、人柄を物語る。

強みを持ち、人間性を磨く。テクニカルなことは、それからで構わない。トップのことばは、若者たちの道しるべとなることだろう。

## いつか、ゆっくりできた日に

歴史に興味が深い。特に、坂本龍馬が好きである。

「小学校高学年から司馬遼太郎さんの作品を読んできました。作品として色づけされた部分もあるでしょうが、学ぶことは多いですね。やはり、龍馬の『先を読む力』です」

海軍操練所の建設。日本初の商社である亀山社中の設立。薩長同盟。大政奉還の進言。激動の時代を、先見性と行動力で切り拓いてきた。

そこから考えさせられることもある。

「人は誰しも目の前のことばかり考える傾向がありますよね。否定はしませんが、同時に、将来を見据える視点も必要だと思います」

歴史に学び、未来を見据える。時間を見つけては、歴史の舞台に足を運んできた。しかし、まとまった時間はなかなか確保できるものではない。

「いつか、五稜郭に行ってみたいです。何を思って戦ったのか、自分なりに静かに考えてみたいです」

1869年、土方歳三が率いる旧幕府軍は五稜郭に立て籠もるが、新政府軍の総攻撃を受けて陥落した。土方は戦死し、榎本武揚が降伏し、戊辰戦争は終結した。

歴史の舞台で、その心境を想像してみたいのだ。

激務にあって、その歴史探訪はしばらく叶いそうにない。

**歴史に学び、未来を思う。地域のために、誠を尽くす**
ひろぎんホールディングス　部谷俊雄

その日まで、従業員3682人（ひろぎんグループ：2024年3月31日時点）とともに、未来を、ひろげる。ユーモア好きの部谷の言葉を借りる。「ATM」の心意気で。

A…明るく
T…楽しく
M…前向きに

## 会社概要

**会　社　名**：株式会社ひろぎんホールディングス
**設　　　立**：2020（令和2）年10月
**代　表　者**：代表取締役会長　池田晃治、代表取締役社長　部谷俊雄
**本社所在地**：〒730-0031 広島市中区紙屋町1-3-8
**資　本　金**：60,000百万円
**従 業 員 数**：3,682名（ひろぎんグループ：2024年3月31日時点）
**事 業 内 容**：広島県、岡山県、山口県、愛媛県を主要な営業基盤とし、銀行業のほか、証券業、リース業などの金融分野と、IT関連業務などの非金融分野も含めた付加価値の高いソリューションを提供する〈地域総合サービスグループ〉

## 沿革

| | |
|---|---|
| 1878年11月 | 広島銀行の前身である第六十六国立銀行が県内最初の銀行として尾道に設立され、1879年4月に開業 |
| 1945年5月 | 藝備銀行、呉銀行、備南銀行、三次銀行、広島合同貯蓄銀行の5銀行が合併し、株式会社藝備銀行設立。 |
| 8月 | 原爆被災（本支店11全半焼、行員死亡144名）。原爆投下から僅か2日後の8月8日午前10時、日本銀行の営業室を20坪借り受け、机・椅子等の調度品を借用して営業を再開 |
| 1950年8月 | 原爆被災から5年目に「平和都市ヒロシマ」にちなんで廣島銀行に行名変更 |
| 1965年2月 | 廣島銀行本店建物完成 |
| 1971年2月 | 東京証券取引所市場第一部に上場 |
| 1978年11月 | 創業100周年<br>ひろしま美術館開館 |
| 1988年7月 | 創業110周年　行名を「広島銀行」へ変更 |
| 1990年2月 | 新電算センター「ゲネシスビル」完成 |
| 1998年12月 | 運用ニーズにあわせて投資信託の窓口販売開始 |
| 2003年1月 | 福岡銀行とのシステム共同化 |
| 2016年5月 | 〈ひろぎん〉中央ビルディング完成 |
| 2018年1月 | 本店建替え決定に伴い仮店舗に移転 |
| 2020年10月 | 持株会社体制に移行「ひろぎんホールディングス」を設立 |
| 2021年5月 | 新本社ビルオープン |
| 2022年4月 | 東京証券取引所プライム市場に移行 |
| 2024年3月 | 〈ひろぎん〉「キャリア共創センター」オープン |

# 住まうこと、
# 働くこと、
# 生きること。

**山根木材グループ**
注文住宅・分譲住宅・住宅リフォーム事業

地元広島を
元気に楽しく

代表取締役社長
**山根誠一郎**

×

**坂上俊次**

## 山根《やまね》 誠一郎《せいいちろう》

AGE 51 PROFILE 1973年生まれ／広島県出身／ A型

1996 年一橋大学商学部を卒業。ソフトバンク株式会社を経て、2000 年に山根木材㈱に入社。2011 年 2 月に社長に就任。「お客様ひとり一人の暮らしの豊かさをカタチにする」というブランドコアを掲げ、1910 年の創業以来時代に併せて、お客様に徹底的に寄り添いサービスを提供し続けている。

### 社長に聞く10の質問

**01 仕事をするときに心掛けていることはありますか？**

一つひとつの仕事に前向きな姿勢でいること

**02 今一番努力していることは何ですか？**

食事・トレーニングを含めた体調管理

**03 毎日必ずやっていることはありますか？**

毎朝コーヒーを飲むこと

**04 社長の強みと弱点を1つずつ教えてください。**

1日1日を一生懸命生きていること。体力に自信がないため、体を鍛えています

**05 子どものときの夢は何ですか？**

考古学者（トレジャーハンター）

**06 最近感動したことや涙した出来事は？**

子どもの体育祭で若者の全力を見たとき

**07 今一番やりたいことは何ですか？**

バルセロナでサグラダファミリアを見に行きたいです

**08 好きな言葉はありますか？**

BE ON THE OFFENSE ALWAYS.
（ナイキワールドジャパン）

**09 好きな本は何ですか、またその理由は何ですか？**

渋沢栄一の『論語と算盤』。足し算の論理の大切さを教えてくれる本です

**10 明日が地球最後の日だったとしたら何をしますか？**

家族そろってＢＢＱをしたいです

## 「物語」をつむぐ場所

贅沢な取材場所だった。山根木材グループの本社に併設されたDEJIMASTOCK（デジマストック）。３フロアにテーブルやベッド、カーテンや絨毯も揃っている。その数2万点以上、家具を販売するだけではない。インテリアや住まいをトータルで提案する空間でもある。

木のやさしさが包み込んでくれるような椅子に座ると、一枚板のテーブルの木目の向こうに、山根木材グループの山根誠一郎社長が笑顔で出迎えてくれる。

空間の持つ力を実感させられた。住まいとは単なる建築物ではない。そこにつまった「物語」なのである。

51歳、父親として大半を過ごした山根の住まいも節目を迎えようとしている。

「今の自宅ですか？　17～18年住んでいます。家を建てたときは、長男が生まれたばかりでした。どこにいても家族の音や匂いが感じられる家にしようと思いました。吹き抜けをつくりましたが、夜に子どもがこっそりテレビを見ていても、すぐに気づきました。１階の音が2階までダイレクトに感じられました。子どもの友達がやってくる家にもしたかったです。そうですね、たくさんの友達が来てくれました。嬉しいものでした」

あの頃から、ずいぶんの月日が経った。長女はこの家を離れ、独立した。長男も「まもなく」のタイミングだろう。

「家は家族との思い出が沁み込んだ場所です。ここには物語がつまっていますから、離れることを考えると寂しい気もします」

しかし、そこで止まっているわけにはいかない。両親のこともある。山根はリフォームや引越しも念頭に入れ始めている。

「寂しくもありますが、心地よく変えていくことは大事です。自分たちのためでもありますが、子どもたちにも、そういったことを教えたいという考えもあります」

2023年、注文住宅（持家）の新設着工戸数は約22万戸、64年ぶりの低水準となった（国土交通省「住宅着工統計」）。国内の空き家は900万戸の時代である。

「1970年代以降、住宅が足りなくてつくっていた時代がありました。広さを含めた豊さを求めた時代がありました。阪神・淡路大震災などがあり、安全面が軸となる時代もやってきました。そんな中で、スペック面を中心に一定の充実は果たされました。そして、今度は、少子化や高齢化などの変化です。住まいのテーマは、社会課題の解消だと考えています。

住宅不足の時代は終わっています。リフォームなどの選択肢も含め、いかに豊かに暮らすか、それを形にするのが私たちの仕事だと思います」

高スペックの住宅をつくれば、無条件に喜んでもらえるわけではない。どんな暮らしをしたいか、お客様の声に耳を傾ける必要がある。プロダクトアウトではない。マーケットインの発想が極めて重要になっているのだ。その最前線が、国内外の家具が並ぶ DEJIMASTOCK なのである。

DEJIMASTOCK 店内の様子

## とことんお客様に寄り添う文化

山根木材グループには、お客様と丁寧なコミュニケーションをとる社員が多い。もちろん、「そういうことが好きな。暮らしをデザインすることを大事にする人」を積極的に採用してきたからでもある。

お客様の声を聞く。何度もプランを提案する。そのプロセスでの学びは社内で共有される。スタッフの技量はどんどん向上し、丁寧にもなる。細やかさの粒度も変わってくる。

「すると、お客様に寄り添うことが日常になりすぎて、無限に度合いが増しているような感じがありました。当然、これが山根木材グループの強みだとも思ってきました。積み重ねて、積み重ねて、過剰になっていたのです」

あるとき、山根はお客様の「くたびれた表情」が気にかかるようになった。注文住宅は、一人ひとりの希望に応えることができる。間取りだけではない。家事ルームがほしい、クローゼットを充実させたい、大きな窓がほしい。さらには、床材やドアの形状も選ぶことが可能である。

「これは楽しいことではありますが、実は、物事を決めることって疲れることでもあります。コンセントの位置を決めるのにくたびれた経験はありませんか？　お客様の希望をしっかり聞きながら、こちらで上手にやってさしあげることも必要だと思います」

家づくりは楽しいものでありたい。だから、山根は「発想の転換」を試みた。それが、DEJIMASTOCKの意義である。

「家づくりのプロセスを考えてみましょう。一般的には、ボリューム→配置→間取り→床・壁・天井→インテリア。こういった順番で決めていくことが多いです。そこからインテリアです。完成した空間の中にインテリアを配置するイメージでしょ。でも、お客様が日々の生活で触れる順番って逆ですよね。いつも触れるのは、テーブルでありソファです。好

お客様のライフスタイルを第一に考え、空間デザインを行っている

きなものがあって、それを生かすのが注文住宅でありたいです」

生活を起点に住まいを考えたい。ワクワクする会話から住宅をつくっていきたい。家づくりに、くたびれた家族の表情は似合わない。だからこそ、照明や椅子・テーブルを通じて生活をイメージさせたいのである。

ヒントは、山根が入社後に留学したポートランドでの経験が大きい。

「アメリカでは家具つきで分譲住宅を販売していました。ただの空間を売るのでなく、インテリアを組み込んだ物語として提案しているように感じました」

もちろん、お客様との打ち合わせにも工夫を追求する。それぞれの思いに寄り添いながらも、効率的に進めることが満足度につながるのだ。

2024年、山根木材グループはお客様のライフスタイルを「行動様式」と「思考様式」の2つの軸で4分類し、4つのモデルプランをリリースした。独自開発のライフスタイル診断で11項目の質問に回答し、そこにマッチしたプランを提示できる。そこから、効率的で的確な打ち合わせが展開されていく。

どんな家を建てたいか、簡単に言葉にできるものではない。ひたすらお客様の要望を積み重ねることばかりが、理想の住宅につながるわけでもない。

夢であり、価値観だ。

システムの工夫と寄り添うアプローチで、彼らは、お客様の思いを形にする。


**「実業をやりなさい」**


山根木材グループは110年以上の歴史がある。

1910年、山根才吉が山根木材店を安芸郡坂町で創業した。木材といっても、当初は住宅ではなかった。

「主に、漁船の杉材を扱っていたそうです。その船はイワシ網漁でイリコをつくっていました。イリコをつくるときに必要な燃料の薪も扱っていたようです。そこから、住宅の建築資材になりました。焼酎工場を運営していたという話を聞いたこともあります」

今では、新築住宅事業、住宅リフォーム事業、住まいのサポート、家具インテリアの販売、中古住宅買取販売事業、デイサービス事業も展開している。

山根木材株式会社（1951 年設立）

「実業をやりなさい」

父である山根恒弘（現・会長）からの言葉である。一般的には、農業・商業・水産業などのように、商品や原料の生産や売買に関する事業を指す言葉だ。父から定義についての説明があったわけではないが、言わんとすることは通じている。

「地域に必要なモノ・コト・サービスを提供しなさいということです。その反対は『虚業』ということですから、地域のためにしっかり汗をかきたいと考えています」

その軸になるのが、木材である。

「木材がうちのタテ糸だと考えています。木材を生かしていく仕事が軸です。木材をどこに生かすのか？　それは、地域の生活のためです」

あくまで、主人公はお客様の暮らしである。そのために木材はあるという考えだ。

「うちは木材にこだわりすぎるところがありました。木に囲まれて暮らすことは豊かなことですが、こちらが木にこだわりすぎると多すぎになってしまうことがあります。お腹いっぱいになってしまいます。お客様の好きな空間をデザインするのに、木材だけでは足りないこともあります」

あくまで、生活者が主役である。いかに110年を超える歴史があっても、木材にこだわりすぎることはしない。
「地域に必要なモノ・コト・サービスを提供する」
この会社は、柔軟に形を変えながらも、「実業」の道をまっすぐに進むのである。

## 広島県産木材への無垢な思い

山根木材グループは、強度や耐久性に優れるヒノキ（広島県産）を土台に標準採用している。ヒノキは加工が容易なうえに緻密で狂いがなく、シロアリや腐食に強い。築１３００年以上の法隆寺が証明するように、その保存性や耐久性は木材トップレベルといわれる。

広島県は「広島県県産木材利用促進条例」に基づき、県産木材の利用促進に関する指針を策定している。ヒノキの品質と県産木材の利用促進、これらがベースではあるが、そこには山根木材グループの思いもある。

「広島は輸入の木材が多い県でした。そこに県産木材を使いましょうという機運が生まれました。でも、木の目線になれば、○○県産なんていう区別はないはずです。地元の木を使うことは、すごく大事で自然なことだと思います。地元のものを誰かが流通させせないといけないでしょ。こんなに天然資源があるわけですから、使うべきだと思います。自宅の裏庭で採れた野菜を自分の軒先に並べる感覚です」

輸入材が増加した背景には、コスト面の要素もある。しかし、そのハードルを乗り越える努力に対し、労を厭うつもりはない。

「コストのことはあるでしょう。しかし、それは、地元で一生懸命に木を切り出す人たちの費用です。海外で切り出して、輸送賃をかけて運ばれてくる。その方が比較的安くなるって、不思議な話です。なんとか、コストダウンの仕組みをつくるしかありません。それは我々の仕事だと考えています。地元の山を有効に使っていけるような市場環境をつくっていかなければなりません」

広島の企業として、誇りもあれば責任もある。さらには、追い求める理想もある。

「広島県産材が良いものであるという前提はあります。ヒノキもスギも良い木です。彼らは、広島の気候や風土で育った広島県人です。大事にしましょうよ。僕たちが使わせてもらって、良ければ他の地域にも使っていただく。それが天然資源のあるべき姿だと思います。県産材の利用量が増えて、成長量と消費量のバランスが取れれば、それが持続可能な姿だと思います」

そんな考えの背中を押された経験がある。アメリカやカナダの製材工場を訪れたときのことである。先方の担当者は北米の木材を熱心に売り込むかと思っていたら、意外な言葉が返ってきた。

「地元に良い木材があるならば、そちらを使えばいいじゃないか」

そこには、彼らの木や森に対する価値観が凝縮されていた。

「山があって、森があって、海がある。それらがひとつになって町なのです。地元の森林資源を整備し有効に使うのは、その町の人の義務であると思わされました。今は、かつての円高でもありません。そういう仕組みづくりは不可能ではないと思います」

裏山で採れた木を、生えていた向きに揃え、光と風の当たり方を変えずに家を建てる。そうすれば、気候による木の「狂い」が生じにくい木造住宅をつくることができる。

山根木材グループの担当者たちは、こういった話が大好きだ。100%の実現は難しくても、目指している理想は肌で感じることができる。

## 理想の空間をつくるには、理想の職場から

積極的に働きやすい職場をつくろうとしている。

この日は、2人の女性社員が取材に立ち会ってくれた。

「私は店頭に立つことが大好きで、以前はDEJIMASTOCKの店舗に立っていました。子育てもあって、育休後はマーケティングの仕事をさせてもらっています」（経営支援室マーケティング課・大西沙希）

もう1人が、経営支援室経営支援課経営支援係・丸山弓貴係長だ。彼女は、2023年4月から導入されたオープンポジション制度を活用している。この制度は、少し説明が必要だろう。

「社内でポジションが空いたときに、社員のやりたい人に手を挙げてもらうものです。面談などはありますが、認められれば、社内の別の部署から異動することができます。特定のポジションが空席になったときに中途採用に人材を求めることもありますが、外部に求めるより社内に求めようという考えです。やりたい人にやらせること。学びたい人に学ばせること。そうやって、自分たちのキャリアは自分たちでつくるものだと思います」

丸山係長は、経営支援室の仕事を続けながら、オープンポジション制度を利用しIT企画課を兼務するようになった。

「経営支援の仕事を続ける中で、各セクションの困りごとを知りました。そこにIT企画のアプローチを加えれば、課題がスムーズに解消されると思いました」

丸山係長は、これまでのキャリアでITを用いての購買調達の経験があった。全社的な経営支援の目線とIT企画、グループ内のシナジー効果は絶大だった。

山根木材グループは、2023年4月にジョブ型人事制度を導入している。この制度は、職務内容や報酬体系を明確にし、ジョブディスクリプション（職務記述書）に基づいて報酬・評価・教育を行うものだ。管理・営業・設計など約200個の職務を定義、職務の選択の機会を与えている。

日本の主流は、いまだメンバーシップ型だろう。ジョブ型とは反対に、業務内容や勤務地を明確にせずに雇用するシステムだ。人に職務を充てる考え方で、従業員は会社から任された業務に従事することになる。

優劣ではない。山根木材グループの仕事には、ジョブ型がマッチするという考えだ。

「うちは住まいづくりの会社です。自分の家庭や暮らしを充実させないと、お客様の幸せに寄り添うことなんてできません。自分の人生を充実させることに一生懸命でないと、お客様に暮らしの提案はできないと思います。そこは大事にしていることです」

１９９２年に育児休業法が施行、その後育児・介護休業法に改正された。２０２２年の改正では、男性の育児休業取得促進を目的に、出生時育児休業も新設されている。

「これは男女に共通することだと思います。女性は、比較的早い段階で、出産や育児と向き合います。キャリアの確立の中で、時間的なハンデが生じてしまうことも考えられると思います。そこは解消したいです。一方で、男性も、育児もあれば介護に直面することもあるでしょう。だからこそ、時短勤務であっても気兼ねなく帰宅でき、自分の仕事をやれる会社にしたいと思います」

出産・育児・介護。自分たちの生活に全力の社員たちは、お客様への向き合いも充実させられる。新築であれ、リフォームであれ、その提案に血が通うことは論をまたない。

お客様との打ち合わせの様子

## みんなの力で、人々の暮らしに寄り添う

アメリカに留学の経験があり、大手企業に勤務した経験がある。それでいながら、山根は周囲の力を集めることに熱心だ。

廊下で、エレベーターで、食堂で。社員と顔を合わせれば、山根の方から積極的に声をかける。仕事ぶりを気遣うこともあれば、ジョークを飛ばすこともある。

「いや、まだまだです。会長（父・恒弘）なんて、もっとすごいですよ。社員との会話はもちろんですが、新幹線で隣の席の人と4時間話し込んで帰ってくることもあります。『今日は面白い人にあってね』とニコニコしながら報告してくれます。なかなかそこまでにはなりませんが、コミュニケーションは大事だと思います」

留学や大手企業への勤務、華麗なキャリアを持つが、山根は自分の個人技で状況を打開しようとはしない。むしろ、逆だ。こういった経験があるからこそ、周囲の力の重要性を感じている。

「ポートランドでの留学では、無力感でいっぱいでした。言葉の壁もあり、自分ひとりでは何もできません。ディスカッションもレポートも、仲間に助けてもらうばかり

でした。頑張っても追いつけないことがある。人の助けを借りないと、どうしようもない。そういう意味では、人間的に成長できました」

そこに、ソフトバンクでの勤務経験である。

「孫正義社長は、たくさんの挑戦をしながら、ものすごいスピードで意思決定をされていたように感じました。直接そのことを聞けるわけではありませんでしたが、同僚やOBらの話を聞くと、そのための情報システムや権限が明確だったことが大きいように思いました」

権限を明確にして、責任を持たせる。その前提として、情報はタイムラグなく入ってくるようにする。そんな組織にすることが、新たなチャレンジを可能にするのだ。

留学先のクラスメイトと修学旅行で中国へ。前から２列目左が山根社長

「権限を明確にする。そのために、社内規定を整備する。中小企業って、こういうところが十分ではないケースがあります。でも、こういう土台のところをしっかりすることで、会社は成長するという仮説を持って取り組んでいます」

## 未来へ羽ばたく若者へ

最近、山根はジョギングやトレーニングを始めるようになった。

「好きだったわけではありませんが、体の状態は仕事のパフォーマンスにも影響しますから、コンディションの維持も含めてやっています」

出張先にも、ランニングシューズを持参するようになった。4～5キロ程度である。決して、フルマラソンを目指すようなものではない。ただ、新たな行動は、新たな視野をもたらしてくれる。

「せっかく仕事でいろんな町に行けるわけですからね。でも、なかなか各地を歩く時間はなかったりします。ランニングシューズを持って行けば、朝の時間帯などに、その土地を感じることができます。城下町のランニングで1日をスタートすれば、健康的だし、楽しみとしても大きいです」

人は家に住まう。その家が集まって、町ができる。

そこを肌で感じることは、住まいづくりに情熱を注ぐものにとって、最大の財産なのである。

「若い人たちには、美術館に行き、映画館に足を運び、いろんな経験をしてほしいです。できれば、現場で見ることです。『百聞は一見にしかず』です。肌で感じてほしいです。におい、音、声の圧力、リアルに感じることです」

旅でなくてもいい。遠くに行かなくてもいい。新たな体験は、身近にもある。

「うちのDEJIMASTOCKに来て、いい椅子に座ってみるのも良いと思います。素晴らしい椅子には、種も仕掛けもあります。そこを感じてほしいです。一生懸命にいいものを知って、それをつくった人の努力や価値を知れば、人生は豊かになるはずです」

**雨が降ってきた。風が強くなってきた**

本書の取材としては、この日が最後であった。

台風が接近中、山根は慌ただしい時間を過ごしていた。

「現場で事故が起こらないよう確認する必要があります。住んでおられる方に、できる限りご連絡させていただくようにもしたいです。従業員が安全に帰宅できるか、確認する必要もあります」

これまでも、自然災害に見舞われた。そのたびに、土砂や雨漏りの対応についての相談を受ける。こちらから連絡がつかなくて、現場に足を運んだこともある。

土砂災害では、忘れられない話がある。

「チームをつくって、職人さんたちを現場に派遣したときのことです。当然、プロの集団ですから、床板を外してしっかり掃除をすることができます」

山根木材グループのチームは、次々とお客様の住まいに対応した。

その仕事ぶりを目にした、隣家からも声がかかる。

仕事をやり切った職人たちは、帰社後、山根に言った。

「うちのお客様以外のところもやってきました」

経営者とすれば、自社のお客様だけに対応してもらえば良かろうものである。一方で、こんなスタッフを誇りに思う気持ちもある。

「お疲れさま」「ありがとう」

それしか、言葉はなかった。「はたらく」とは何かを教えてもらったような気がする。

## 会社概要

会　社　名：ヤマネホールディングス株式会社
創　　　業：1910（明治43）年4月
設　　　立：1951（昭和26）年4月
代　表　者：代表取締役社長　山根誠一郎
本社所在地：〒734-8570 広島市南区出島1-21-15
資　本　金：1億円
従 業 員 数：279名
事 業 内 容：新築住宅事業、リフォーム事業、アフターメンテナンス事業、住宅買取再販事業、構造設計・木材加工事業、DEJIMA STOCK（家具販売事業）

## 沿革

1910年　山根才吉が山根木材店を創業
1928年　統営木材株式会社を設立
1929年　工場・住宅用地の分譲・焼酎工場の事業を行う
1951年　山根木材株式会社を設立。代表取締役社長に山根利夫が就任
1955年　白島工場新設
1964年　出島工場新設
1970年　建設部設立
1972年　不動産部設立
1979年　福岡営業所開設
1980年　廿日市工場新設
1985年　山根恒弘が代表取締役社長に就任。本社屋落成。出島第1工場プレカット開始
1990年　創業80周年
1999年　リフォーム事業開始
2006年　山根商事よりヤマネホームサポート（株）へ社名変更。廿日市工場増設
2010年　創業100周年
2011年　代表取締役会長に山根恒弘が就任。代表取締役社長に山根誠一郎が就任
2014年　ヤマネホールディングス（株）を持株会社とし、山根木材ホーム（株）・広島ランバーテック（株）・山根木材リモデリング（株）・山根木材メンテナンスサービス（株）・山根木材リノベーション（株）のグループ体制に変更
2015年　介護事業を開始
2016年　家具事業「DEJIMASTOCK」をオープン
2020年　介護事業を分社化し、山根木材ライフケア（株）設立。創業110周年、記念誌発刊

解　説

# 企業トップたちの生き様と思想――次世代への道しるべ

広島経済大学教授　メディアビジネス学部長
北野　尚人

近年、若者の広島離れが深刻な状況となっています。広島は歴史的にも文化的にも優れた魅力的な都市でありながら、若者が他の都市へと流出してしまう現象が続いています。そんな中、中国放送（ＲＣＣ）の坂上俊次氏による『広島ではたらきたくなる本』が出版されました。本書は、若者の人材流出を防ぎ、広島の都市力を向上させることを目的としています。坂上氏は、広島の魅力を再発見し、若者に広島での就職を検討してもらうために、この本を執筆しました。

若者の広島離れの背景には、広島の有力企業トップの魅力が若者に十分に伝わっていないことがあると考えられます。企業年鑑やデータブックなどの無機質な情報では、企業トップたちの素顔がリアリティを持って伝わっていない可能性があります。広島には多くの有力企業が存在し、それぞれの企業トップは独自のビジョンを持っていますが、その魅力が若者に伝わっていないのです。

本書の魅力は、中国放送（ＲＣＣ）の坂上アナウンサーならではの人物取材力にあります。坂上氏は広島県内の有力企業や個性的な企業の経営者たちを取材し、その素顔をいきいきと描き出しています。各経営者の生き方、社員や社会へのメッセージ、経営の思想・ポリシーなどを生々しく伝えています。坂上氏の丹念な取材によって、それぞれの経営者たちの人間味あふれるエピソードや、彼らが抱える課題とその解決策が具体的に描かれているのです。

本書の魅力を形作っている要素として、「人物物語としてのリアリティ」「企業の多様性の魅力」「未来への希望」、そして「明るさと前向きさの掛け算」が挙げられます。坂上氏の取材力により、各企業の経営者がリアルに描写され、読者に希望を与える内容となっています。

私が以前から存じ上げている経営者の方たちの引用をお許しいただくとして、ヒロマツホールディングスの松田哲也氏は「ダブルワークシステム」や「出る杭になって戦ってほしい」「広島は戦いやすい町」といったメッセージを発信しています。また、マリモホールディングスの深川真氏は「利他の心を判断基準にする」や「能力×熱意×考え方」「人生を謳歌しよう」といった哲学を持っています。ヴィクトワール広島の中山卓士氏は「広島から世界で戦うチーム」を目指し「目の前の全力の向こうには、無限の夢が広がる」「ヴィクトワールを通じて、もっと町にかかわりたい」などのキーワードを提示しています。山根木材グループの山根誠一郎氏は「ジョブ型人事制度」「新たな行動は、新たな視野をもたらしてくれる」「つくった人の努力や価値を知れば、人生は豊かになるはず」など、それぞれの経営者が独自のビジョンと戦略を持って広島の未来を切り開こうとしています。これらの経営者たちの言葉や行動は、若者にとって大きな刺激となり、広島での就職を考えるきっかけとなるでしょう。

本書には「社会と組織と人が織りなすさまざまな情景」「経営者の時間軸を辿るストーリー性」「個人として組織としてのピンチとチャンス」「トップたちの人生のうねりと喜怒哀楽」「夢とロマン・挫折と成功」「共感と感動」、そして「リアルな経営者の生き様と思想」が詰まっています。「広島で働きたい」というのは、「このトップの元で働きたい」と同義とも考えられます。こんなに魅力的で有能な経営者がいる広島の未来は明るいのです。若者には広島にとどまり、その経営者から学び、意志を受け継ぎ、さらに彼らを超えて次の時代を担う役割を発揮することを期待したいと思います。

広島での就職を考える若者とその親御さんたちにとって、本書は必読の書と言えるでしょう。坂上氏の取材を通じて描かれる広島の企業と経営者たちの魅力は、広島の未来を明るく照らす希望の光となるでしょう。この本を手に取ることで、広島の魅力を再発見し、広島でキャリアを築くことの素晴らしさを感じていただけるはずです。

# 坂上俊次

さかうえ・しゅんじ

（中国放送アナウンサー）


スポーツ中継では、カープ戦６００試合を中心に各競技を幅広く担当。JNN・JRN アノンシスト賞優秀賞（04・06・19 年）最優秀賞（20 年）を受賞。

ラジオ特番「生涯野球監督　迫田穆成」の制作・取材・ナレーションで第 77 回文化庁芸術祭賞大賞、2023 放送人グランプリを受賞した。

著作では、『優勝請負人』が第５回広島本大賞に輝く。『轍学　広島ドラゴンフライズ朝山正悟人生のルールブック』（ベースボールマガジン社）、『惚れる力』（サンフィールド）などの著書があり、本作が 10 作品目となる。

ファイナンシャルプランナー（AFP）、ちゅうごく５県プロスポーツネットワークコーディネーター、広島県ホッケー協会理事。

# 広島ではたらきたくなる本

2024年12月10日　初刷第1刷発行

著　　者　　坂上俊次
発 行 者　　西元俊典
発 行 所　　有限会社 南々社
〒732-0048 広島市東区山根町27-2
TEL 082-261-8243　FAX 082-261-8647

印刷製本所　株式会社 シナノ パブリッシング プレス

ISBN978-4-86489-174-5